想 象 之 外 · 品 质 文 字

北京领读文化传媒有限责任公司　　出品

山海
百灵

《山海经》里的
神人鸟兽鱼

王新禧 著　佚名 绘

白云出岫 朗诵

北京时代华文书局·

图书在版编目（CIP）数据

山海百灵：《山海经》里的神人鸟兽鱼 / 王新禧著；
佚名绘 . — 北京：北京时代华文书局，2018.8

ISBN 978-7-5699-2534-0

Ⅰ . ①山… Ⅱ . ①王… ②佚… Ⅲ . ①历史地理—中
国—古代②《山海经》—通俗读物 Ⅳ . ① K928.631-49

中国版本图书馆 CIP 数据核字 (2018) 第 182739 号

山海百灵：《山海经》里的神人鸟兽鱼

SHANHAI BAILING: SHANHAIJING LIDE SHEN REN NIAO SHOU YU

著　　者｜王新禧
绘　　者｜佚　名

出 版 人｜王训海
选题策划｜领读文化
责任编辑｜邢　楠
装帧设计｜领读文化
责任印制｜刘　银

出版发行｜北京时代华文书局 http://www.bjsdsj.com.cn
　　　　　北京市东城区安定门外大街 136 号皇城国际大厦 A 座 8 楼
　　　　　邮编：100011　电话：010-64267955　64267677
印　　刷｜北京金特印刷有限责任公司　电话：010-68661003
　　　　　（如发现印装质量问题，请与印刷厂联系调换）
开　　本｜880mm×1230mm　1/32　印　张｜10　字　数｜192 千字
版　　次｜2018 年 9 月第 1 版　印　次｜2018 年 9 月第 1 次印刷
书　　号｜ISBN 978-7-5699-2534-0
定　　价｜68.00 元

序

　　世之览山海者，皆以其闳诞迂夸、多奇怪、俶傥之言，莫不疑焉。尝试论之曰：庄生有云，人之所知，莫若其所不知，吾于《山海经》见之矣。夫以宇宙之寥廓，羣生之纷纭，阴阳之煦蒸，万殊之区分，精气浑淆，自相溃薄，游魂灵怪，触像而构，流形于山川、丽状于木石者，恶可胜言乎。然则，总其所以乖鼓之于一响，成其所以变混之于一象。世之所谓异，未知其所以异，世之所谓不异，未知其所以不异，何者？物不自异，待我而后异，异果在我，非物异也。故胡人见布而疑黂，越人见罽而骇毳。盖信其所习见，而奇所希闻，此人情之常蔽也。今略举可以明之者，阳火出于冰水，阴鼠生于炎山，而俗之论者莫之或怪，及谈《山海经》所载而咸怪之，是不怪所可怪，而怪所不可怪也。不怪所可怪，则几于无怪矣，怪所不可怪，则未始有可怪也。夫能然所不可、不可所不然，则理无不然矣。

　　案《汲郡竹书》及《穆天子传》：穆王西征，见西王母执璧帛之好，献锦组之属，穆王享王母于瑶池之上，赋诗往来，辞义可观。遂袭昆仑之丘，游轩辕之宫，眺钟山之岭，玩帝者之宝，勒石王母之山，纪迹玄圃之上。乃取其嘉木、艳草、奇鸟、怪兽、玉石、珍瑰之器，金膏、烛银之宝，归而殖养之于中国。穆王驾八骏之乘，右服盗骊，左骖騄耳。造父为御，犇戎为右，万里长骛，以周历四荒名山大川，靡不登济。东升大人之堂，西燕王母之庐，南轹鼋鼍之梁，北蹑积羽之衢。穷欢极娱，然后旋归。案《史记》：说穆王得盗骊、騄耳、骅骝之骥，使造父御之，以西巡狩，见西王母乐而忘归。亦与《竹书》同。《左传》曰：穆王欲肆其心，使天下皆有车辙、马迹焉。《竹书》所载则是其事也。而谯周之徒只为通识瑰儒而雅，不平此验之史考，以著其妄。司马迁叙《大宛传》亦云：自张骞使大夏之后，穷河源，恶覩所谓昆仑者乎。至《禹本纪》、《山海经》所有怪物，余不敢言也，不亦悲乎。若《竹书》不潜出于千载，以作征于今日者，则山海之言其几乎废矣。若乃东方生晓毕方之名，刘子政辨盗械之尸，王颀访两面之客，海民获长臂之衣，精验潜效，绝代悬符。于戏，羣惑者其可以少寤乎。

　　是故圣皇原化以极变，象物以应怪，鉴无滞赜，曲尽幽情。神焉廋哉，神焉廋哉。盖此书跨世七代，历载三千，虽暂显于汉，而寻亦寝废。其山川名号所在多有舛谬，与今不同，师训莫传，遂将湮泯。道之所存，俗之所丧，悲夫。余有惧焉，故为之创传，疏其壅阂，辟其茀芜，领其玄致，标其洞涉，庶几令逸文不坠于世，奇言不绝于今，夏后之迹靡刊于将来，八荒之事有闻于后裔，不亦可乎。夫麭苍之翔，叵以论垂天之凌，蹄涔之游无以知绛虬之腾，钧天之庭岂伶人之所蹑，无航之津岂苍兕之所涉，非天下之至通，难与言山海之义矣。呜呼，达观博物之客，其鉴之哉。

明 万历二十八年闽格古斋刊本

目　录

远｜民｜篇

虽然宇宙亦何尽，环海之外皆生人

奇 | 禽 | 篇

西来青鸟东飞去，愿寄一书谢麻姑

异|兽|篇

壹角马尾出绝壁，绿毛忽向人间行

麟|鱼|篇

若逐桃花浪里去，风雷相送入天池

山｜海｜经 原文

神 祇 篇

阴阳变幻靡不有，异物非异亦非神

凡南次三经之首，自天虞之山以至南禺之山，凡一十四山，六千五百三十里。

其神皆龙身而人面。

其祠皆一白狗祈，糈用稌。

——《山海经·山经·南次三经》

糈（xǔ）｜稌（tú）

|译 释|

南方的第三列山系，从天虞山到南禺山，共十四座山，行经六千五百三十里。这十四座山山神的样子都是龙的身子人的脸。祭祀这些山神的时候，要杀一条白狗作为供品，祭祀用的米都是从稻米中精选出来的粳米。

用白狗血涂抹祭祀用的祭器是一种古礼，而黑狗血则有辟邪功效，亦古已有之。

鹳神

|龙身而人面，司天虞山至南禺山凡一十四山。|

鼓 / 钟山

又西北四百二十里，曰钟山，其子曰鼓，其状如人面而龙身，是与钦䲹杀葆江于昆仑之阳，帝乃戮之钟山之东曰嶅崖。

钦䲹化为大鹗，其状如雕而黑文白首，赤喙而虎爪，其音如晨鹄，见则有大兵。

鼓亦化为鵕鸟，其状如鸱，赤足而直喙，黄文而白首，其音如鹄，见则其邑大旱。

——《山海经·山经·西次三经》

䲹（pī）｜嶅（yáo）｜葆（mì）｜鵕（jùn）

译释

《西次三经》记载，从葆山向西北四百二十里，是钟山。钟山山神烛阴（烛龙）的儿子名叫鼓，有着人的面孔和龙的身体。有一次鼓和天神钦䲹合谋，在昆仑山之南杀死了名为葆江的天神。天帝知道后大为震怒，下令将他们处死于钟山东边的嶅崖。钦䲹死后化为大鹗，有着白色的脑袋，身上有黑色纹路，红色的嘴巴，老虎般的爪子，叫声像晨鹄，它一出现天下就会有战乱。鼓死后则化为鵕鸟，形状像鹞鹰，长着红色的脚和直直的嘴，白色的头，身上有黄色斑纹，声音也像鹄，相传它出现在哪里那里就会有旱灾。

《山海经》记载西北有钟山，天帝曾杀钦䲹与鼓，二神死后化为鹗与鵕鸟，鸣声如鹄，预兆有兵祸旱灾。后遂用为世间战乱、灾荒之典。唐吴融《绵竹山四十韵》："但乐濠梁鱼，岂怨钟山鹄。"

| 人面龙身，居钟山。|

又西三百二十里，曰槐江之山。丘时之水出焉，而北流注于泑水。其中多蠃母，其上多青、雄黄，多藏琅玕、黄金、玉，其阳多丹粟，其阴多采黄金、银。实惟帝之平圃，神英招司之，其状马身而人面，虎文而鸟翼，徇于四海，其音如榴。南望昆仑，其光熊熊，其气魂魂。西望大泽，后稷所潜也。其中多玉，其阴多榣木之有若。北望诸毗，槐鬼离仑居之，鹰鹯之所宅也。东望桓山四成，有穷鬼居之，各在一搏。爰有瑶水，其清落落。有天神焉，其状如牛，而八足二首马尾，其音如勃皇，见则其邑有兵。

——《山海经·山经·西次三经》

琅（láng）｜玕（gān）｜毗（pí）｜鹯（zhān）

┃译 释┃

从泰器山再向西三百二十里，是槐江山。丘时水就发源于这座槐江山，而后向北流注入泑水。丘时水中有很多蠃母。槐江山上盛产石青和雄黄，还有琅玕美石、黄金和玉石。此山向阳的南边多出丹砂，背阴的山北则多产带花纹的黄金和白银。

槐江山是天帝在人间园圃，由神英招管理它。英招马身人头，身上有虎斑纹，长有鸟翅，在四海之内奉命巡行，传达旨意，他的声音像井水边转动的辘轳。

登上这槐江山，向南可以望见昆仑山，那里火光熊熊气象万千。向西可以望见大泽，那是后稷潜藏的地方。大泽之中，盛产玉石。大泽的南边生长着很多巨大的榣木，榣木之上又生若木。向北可以望见诸毗山，那是槐鬼离仑居住的地方，也是老鹰和鹯风的栖息地。向东可以望见桓山，山高四重，有穷鬼居住在那里，他们各自住在一边臂膀下。槐江山上有瑶池，瑶池之水，清澈透明，潺潺流动。槐江山上还有一个天神居住，外形像牛，有八条腿，两个头，尾巴似马尾，声音如勃皇。这个神出现的地方就会有战争发生。

马身人面，虎文鸟翼，司槐江山。

西南四百里，曰昆仑之丘，是实惟帝之下都，神陆吾司之。
其神状虎身而九尾，人面而虎爪，是神也。
司天之九部及帝之囿时。

——《山海经·山经·西次三经》

囿（yòu）

译释

　　往西南四百里，有座昆仑山，此山是天帝在下界的都城，也是游乐的
行宫，是黄帝祭天的圣山，而陆吾即是掌管昆仑山的天神。《西次三经》记载，
人面虎身而有九条尾巴的陆吾，手像虎爪。除了管理天帝的都城，陆吾还兼
管天上九域的领地及天帝在昆仑山苑囿的时节。

　　中国上古流传的神话很多都与昆仑山有关，所以昆仑山素有第一神山
之称。传说昆仑山一共有三位山神，分别是《西次三经》中的陆吾，《海内
西经》中的开明兽和《大荒西经》中的人面虎。《海内西经》：海内昆仑之墟，
在西北，帝之下都。昆仑之墟，方圆八百里，高万仞。上有木禾，长五寻，
大五围。面有九井，以玉为槛。面有九门，门有开明兽守之，百神之所在。
在八隅之岩，赤水之际，非仁羿莫能上冈之岩。著名神话学家袁珂校注：开
明兽即《西次三经》神陆吾也。

　　晋郭璞《山海经图赞·海内西经·开明》：开明天兽，禀兹金精；虎身
人面，表此桀形；瞪眄昆山，威慑百灵。

神陸

| 虎身九首人面虎爪，司昆仑之丘。 |

又西三百五十里，曰天山，多金、玉，有青、雄黄。
英水出焉，而西南流注于汤谷。

有神焉，其状如黄囊，赤如丹火，六足四翼，浑敦无面目，是识歌舞，实惟帝江也。

——《山海经·山经·西次三经》

译 释

从䃌山再往西三百五十里，有座天山。天山上盛产金属和玉石，山里也出产石青和雄黄。英水就从此处发源，而后向西南注入汤谷。天山有一位神，他的模样像个黄色袋子，而且周身发出火红的光，长着六只脚，四个翅膀，没有耳目口鼻，却精通唱歌跳舞，这位神的名字叫帝江。

帝江是天山的山神，也是原始先民的歌舞之神。在其他古籍中又称浑沌，也作混沌，或浑敦。明代胡文焕《山海经图》记载：天山有神，形状如皮囊，背上赤黄如火，六足四翼，混沌无面目。自识歌舞，名曰帝江。《庄子》中也记载了庄子叙述"七窍出而浑沌死"的故事，说浑沌没有眼耳口鼻等七窍，形象颇接近《山海经》中的帝江。

状如黄囊，赤如丹火，六足四翼，浑敦无面目，居天山。

又西百二十里，曰刚山，多柒木，多琂珸之玉。

刚水出焉，北流注于渭。是多神魁，其状人面兽身，一足一手，其音如钦。

——《山海经·山经·西次四经》

译释

《西次四经》记载，从泾古山往西一百二十里就是刚山，山上有许多漆树，盛产琂珸玉。刚水就发源于刚山，之后往北流去，注入渭水。山里有许多名为神魁的神兽，它们有着人的面孔、野兽的身体，却只有一只手和一只脚，发出的叫声就像人在呻吟与叹息。

据郭璞说神魁是魑魅之类，大概类似山林精灵之类的东西。东汉经学家服虔说魑魅好眩惑人，可能就是因为他们的叫声能让人眩惑。此外，《山海经》中关于神的造型及其祭仪，与中原文化及其图腾关系密切，其中有许多图腾神物，形象多属于半人半兽或是异兽合体，不完全出于虚构。

神魊

人面兽身，一足一手，居刚山。

中次六经缟羝山之首，曰平逢之山，南望伊、洛，东望穀城之山，无草、木，无水，多沙石。

有神焉，其状如人而二首，名曰骄虫，是为螫虫，实惟蜂蜜之庐。其祠之，用一雄鸡，禳而勿杀。

——《山海经·山经·中次六经》

中央第六列山系叫做缟羝山山系，平逢山是此山系的第一座山。在平蓬山的山顶，向南可以望见伊河与洛河，向东则可以望见谷城山。平蓬山很是贫瘠，没有任何草木生长，也没有水流，到处都是沙子和石头。山上住着一位神仙，这位神的外型就像普通人，不过长了两颗头颅，名为骄虫，是所有能螫人的昆虫的首领，这座山就是各种蜂类聚集的地方。祭祀骄虫必须用雄鸡当祭品，不必宰杀，祭祀祈祷完即可放掉它。

《山海经》里有许多与禽鸟走兽有关的神，但与昆虫有关的大概只有骄虫。骄虫曾带领部众参加过颛顼与共工的战争。

状如人而二首，平逢山之神。

又东北百五十里，曰骄山，其上多玉，其下多青雘，其木多松、柏，多桃枝、钩端。

神蟲围处之，其状如人面，羊角虎爪，恒游于雎漳之渊，出入有光。

——《山海经·山经·中次八经》

蟲（tuó）

译释

从荆山再向东北一百五十里，就是骄山。骄山上有大量玉石，山下则有很多青雘。山里的树木以松树和柏树居多，另有桃枝和钩端这类灌木交错生长。此山的山神蟲围就居住在骄山，他有着类似人的脸孔，羊的犄角和老虎的爪子。他常常到雎水和漳水的深潭里游玩，出入水面时身上还会发光。

人面羊角虎爪，处骄山，恒游于睢漳之渊。

又东百三十里，曰光山，其上多碧，其下多水。

神计蒙处之，其状人身而龙首，恒游于漳渊，出入必有飘风、暴雨。

——《山海经·山经·中次八经》

郦（gui）

|译 释|

从陆郦山向东一百三十里，有一座光山。山上盛产碧玉，山下水流众多。天神计蒙居住于此，他有着人的身体，龙的头，常常游弋于漳水的深渊中，出入时会有狂风暴雨。

计蒙是古代汉族神话中的司雨之神。造型为龙头、人身、鸟爪，臂上有羽毛，挥臂张口时会喷雾致雨。民间传说中的龙王形象，或许就是从计蒙衍生而来。相传颛顼与共工大战时，计蒙就挟着疾风骤雨，由光山赶来帮助颛顼。

｜人身龙首，恒游于漳渊，出入必有飘风暴雨。｜

刑天／常羊山

刑天与帝至此争神，帝断其首，葬之常羊之山。

乃以乳为目，以脐为口，操干戚以舞。

——《山海经·海经·海外西经》

译释

　　刑天与天帝争夺神位，天帝砍了他的头颅，把他的头颅埋在常羊山。没了头颅的刑天并没有死去，反而以双乳作为眼睛，以肚脐作为嘴巴，一手握着盾牌，一手舞动战斧继续作战。

　　五柳先生陶渊明《读山海经·其十》诗曰：刑天舞干戚，猛志固常在。即是赞颂刑天这种虽然失败却仍奋战不已的精神。

无首操干戚以舞，以乳为目，以脐为口。

钟山之神，名曰烛阴，视为昼，瞑为夜，吹为冬，呼为夏，不饮，不食，不息，息为风，身长千里。

在无臂之东。

其为物，人面，蛇身，赤色，居钟山下。

——《山海经·海经·海外北经》

西北海之外，赤水之北，有章尾山。有神，人面蛇身而赤，身长千里，直目正乘，其瞑乃晦，其视乃明，不食，不寝，不息，风雨是谒。是烛九阴，是谓烛龙。

——《山海经·海经·大荒北经》

译释

掌管昼夜四季的天神烛阴，为钟山的山神。烛阴有着人的脸，蛇的身子，身体通红，长达一千里，就居住在钟山之下。他的眼睛很特别，只要睁开眼睛，世界就成了白昼，闭上眼睛，就是黑夜。吹一口气，则风云变幻，就成了冬天，呼口气，又变成了夏天。平时蜷伏着，可以不吃不喝，不睡觉也不呼吸，但只要一呼吸就生成一阵风。其住处在无臂国的东方。

《大荒北经》提到的烛龙，形象与烛阴类似，也掌管昼夜四季等。

在西北方的海外，赤水以北，有座章尾山。山上有位神，人面蛇身，通身红色，身长千里，眼珠子眼缝都是竖着的。他闭上眼睛就是黑夜，睁开眼睛就是白天。他不吃东西，不睡觉，不呼吸，以风雨为食。他发出的光能够照亮九方极远的幽暗之地，所以被叫做烛龙。

烛阴

|人面蛇身，赤色，身长千里，钟山之神也。|

相柳／共工台

共工之臣曰相柳氏，九首，以食于九山。相柳之所抵，厥为泽溪。禹杀相柳，其血腥，不可以树五谷种。禹厥之，三仞三沮，乃以为众帝之台。在昆仑之北，柔利之东。相柳者，九首人面，蛇身而青。不敢北射，畏共工之台。台在其东。台四方，隅有一蛇，虎色，首冲南方。

——《山海经·海经·海外北经》

共工臣名曰相繇，九首蛇身，自环，食于九土。其所歍所尼，即为源泽，不辛乃苦，百兽莫能处。禹湮洪水，杀相繇，其血腥臭，不可生谷；其地多水，不可居也。禹湮之，三仞三沮，乃以为池，群帝因是以为台。在昆仑之北。

——《山海经·海经·大荒北经》

歍（wū）

译释

水神共工的臣子名叫相柳氏，有九颗脑袋，吃九座山上的食物。相柳氏所行经的地方，都被掘为湖泽和溪流。于是大禹就杀了相柳，结果血流满地，腥臭无比，以致这个地方都不能种五谷。大禹挖了别处的土想填平这个地方，结果填满了多次又都塌陷下去，后来大禹只好在此地挖了一个深池，用挖出来的土为众帝造了帝台，想用众帝的威灵来压住相柳的邪气。这些帝台在昆仑山的北边，柔利国的东边。相柳氏，长着九颗脑袋，人的脸，蛇的身子，通身青色。射箭的人都不敢向北射，因为畏惧共工威灵所在的共工台。共工台在相柳被杀处的东边，台是四方形，每个角各有一条虎斑花纹蛇，蛇头都冲着南方。

帝舜之时，原本被颛顼打败的水神共工再度复出，带来了一场大灾难。负责治水的部落首领禹，率领黄帝的部落，与共工展开了一场激战。相柳即是共工的臣属，也就是相繇。晋郭璞注：相柳也，语声转耳。繇和柳，一声之转，在《山海经》中出现的事迹又基本相同，因此可以认同郭璞的说法，相柳就是相繇。

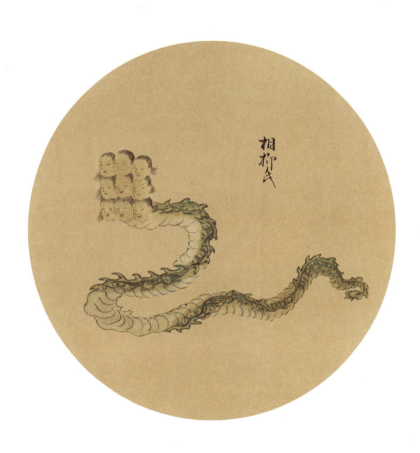

| 九首人面蛇身 |

奢比尸／大人国

大人国在其北，为人大，坐而削船。

一曰在嵯丘北。

奢比之尸在其北，兽身、人面、大耳，珥两青蛇。一曰肝榆之尸在大人北。

——《山海经·海经·海外东经》

有神，人面、犬耳、兽身，珥两青蛇，名曰奢比尸。

——《山海经·海经·大荒东经》

削（shào）｜嵯（jiē）

译释

　　大人国在嵯丘的北面，这里的人身材高大，适合坐在船上撑船。另一种版本说，大人国就在嵯丘的北部。奢比尸在大人国的北边，它有野兽的身体人的面孔，两只大耳朵，两耳孔里各穿挂着一条青蛇。还有一种说法认为，是肝榆尸在大人国的北边。

　　奢比尸也是神，而且是《山海经》里比较独特的一种神。它们本身是神，但因为种种原因被杀，但其精魄不灭，以尸的形态继续活动，类似这种神格的神尸在《山海经》中有好几个，比如被天帝所杀的刑天、被贰负所杀的窫窳、被绵臣所杀的王子夜、被商汤杀掉的夏耕等。

兽身人面大耳，珥两青蛇。

天吴 ／ 朝阳谷

朝阳之谷，神曰天吴，是为水伯。

在蚩蚩北两水间。

其为兽也，八首人面，八足八尾，皆青黄。

——《山海经·海经·海外东经》

有神人，八首人面，虎身十尾，名曰天吴。

——《山海经·海经·大荒东经》

蚩（hóng）

||译 释||

　　《海外东经》记载，朝阳谷有位天神名叫天吴，他就是传说中的水伯。他住在蚩蚩的北边两条河流之间。天吴长着神兽的样子，老虎的身子，八个脑袋都是人脸，八条腿，八条尾，背部也像老虎一样，毛色青里带黄。

　　在《大荒东经》里也记载了天吴，也是八个人面脑袋，老虎身体，不过长着十条尾巴，与此略有不同。天吴是古代中国神话传说中的水神。

八首人面，八足八尾，朝阳谷之神。一云十尾。

雷
神
／
雷
泽

雷泽中有雷神，龙身而人头，鼓其腹。
在吴西。

——《山海经·海经·海内东经》

|译 释|

　　《海内东经》记载，雷泽中居住着一位雷神，长着龙的身体，人的头颅，是个半人半兽的天神，他一鼓起肚子就会发出轰鸣的巨响。雷泽在吴地的西边。

龙身人头，鼓其腹，在吴西。

大荒之中，有山名曰北极天柜，海水北注焉。

有神，九首人面鸟身，名曰九凤。

——《山海经·海经·大荒北经》

| 详 释 |

　　在北海之南，大荒之中，有一座山，名叫北极天柜山，海水从北面注入这座山。此山中有一位神仙，长着九颗脑袋，人面鸟身，名叫九凤。

　　九凤是古代中国神话中神鸟，是中国古代最为崇拜的两大图腾之一，与龙并称。它是吉祥幸福的象征。

九首人面鸟身，居北极天柜之山。

彊良 / 天柜山

又有神，衔蛇操蛇，其状虎首人身，四蹄长肘，名曰彊良。

——《山海经·海经·大荒北经》

彊（qiáng）

译释

还有另外一位神仙，嘴里叼着蛇，手中抓着蛇，他长着老虎的头人的身体，有四只蹄子，长长的臂肘，名叫彊良。

彊良又称强良，是我国上古宗教艺术中一种寓意为"食鬼"的神虎，流行于先秦汉代，常被雕刻在墓葬壁画或画像砖中，是"十二神"之一。

《山海经》里操神控蛇的神怪除了彊良，还有《大荒北经》的夸父、《大荒西经》的弇兹、《大荒南经》的不廷胡余、《大荒东经》的禺虢、《海外北经》的禺疆以及《中山经》里的水神。

虎首人身，四蹄长肘，衔蛇，与九凤同山。

応
龙
／
凶
犁
土
丘
山

大荒东北隅中，有山名曰凶犁土丘。

应龙处南极，杀蚩尤与夸父，不得复上。

故下数旱。

旱而为应龙之状，乃得大雨。

——《山海经·海经·大荒东经》

┃译 释┃

在大荒的东北角上，有座山名叫凶犁土丘山，应龙就住在此山的最南端，他本是司雨的雨神。在黄帝与蚩尤的战争中，他帮助黄帝杀了蚩尤和夸父，从此无法再回到天界，只能长住地面，所以人间常常发生旱灾。遇旱灾的时候，人们就装扮成应龙的样子向上天祈雨，这样就可以得到大雨。

胡文焕的图说描述应龙是有翅膀的龙。大禹治水的神话中，应龙用尾巴在地上画出线条，大禹就依照这些线条开凿水路，才得以疏导洪水。

处南极，杀蚩尤夸父。

远 民 篇

虽然宇宙亦何尽，环海之外皆生人

枭阳国

枭阳国在北朐之西。

其为人人面长唇，黑身有毛，反踵，见人笑亦笑，左手操管。

——《山海经·海经·海内南经》

朐（qú）

译释

　　枭阳国在北朐国的西边。那里的人长着人的脸，长长的嘴唇，全身皮肤黑色，浑身是毛，脚后跟冲前脚尖在后。一看见人就笑，左手拿着一根竹筒。

　　枭阳即狒狒，是中国古籍中所说的一种猿类动物。与现在所说的狒狒不是同一种动物。《尔雅·释兽》："狒狒，如人，被发，迅走，食人。"郭璞注："枭羊也。《山海经》曰：'其状如人，面长唇黑，身有毛，反踵，见人则笑。'交广及南康郡山中亦有此物，大者长丈许。俗呼之曰山都。"《文选·左思〈吴都赋〉》："猩猩啼而就擒，狒狒笑而被格。"刘逵注："狒狒，枭羊也……枭羊善食人，大口。其初得人喜而笑，却唇上覆额，移时而后食之。人因为筒贯于臂上，待执人，人即抽手从筒中出，凿其唇于额而得擒之。"刘逵说，枭阳爱吃人，且抓到后并不立刻吃掉，而是先笑个够，笑得长长的嘴唇翻卷上去盖住额头，之后才开始享用人肉。人们因此想出办法来对付它，那就是在手臂上套上一节竹筒，当被枭阳抓住时，趁它大笑之际把手臂从竹筒中抽出来，将它的长嘴唇钉在额头上，然后抓住它。

人面长唇，黑身有毛，见人笑亦笑，笑则唇掩其目。

讙头国

讙头国在其南，其为人人面有翼，鸟喙，方捕鱼。

一曰在毕方东。

或曰讙朱国。

——《山海经·海经·海外南经》

有人焉，鸟喙，有翼，方捕鱼于海。

大荒之中，有人名曰讙头。

鲧妻士敬，士敬子曰炎融，生讙头。

讙头人面鸟喙，有翼，食海中鱼，杖翼而行。

维宜芑苣，穆杨是食。

有讙头之国。

——《山海经·海经·大荒南经》

讙（huān）｜芑（qǐ）｜苣（jù）｜穆（lù）

译释

讙头国在羽民国的南方，这个国家的人长着普通人的人脸，却有一对翅膀，还有一张鸟嘴，擅长捕鱼。另有一种说法认为讙头国在毕方鸟以东。也有人认为讙头国又叫讙朱国。

在《大荒南经》里也提到了讙头国，说它的国民长相是人的脸型，却有鸟的尖嘴，背上有一对翅膀，但却没法飞，常用两手扶着翅膀走路，也常到海中捕捉鱼虾。郭璞在《山海经注》说"讙兜，尧臣，有罪，自投南海而死。帝怜之，使其子居海而祀之。画亦似仙人也。"

人面有翼，鸟喙，方捕鱼于海，在毕方东。

厌火国

厌火国在其南，其为人兽身黑色，生火出其口中。一曰在谨朱东。

——《山海经·海经·海外南经》

译 释

据《海外南经》记录，从谨头国往南走，便是厌火国。这里的人皮肤黝黑，身形像弥猴，能从嘴里吐出火来。传说他们以火碳为食，所以能吐火。还有说厌火国在谨朱国的东边。郭璞注：言能吐火，画似狝猴而黑色也。

厭火獸

兽身黑色，生火出其口中，在讙朱东。

贯匈国

贯匈国在其东，其为人胸有窍。
一曰在载国东。

——《山海经·海经·海外南经》

载（dié）

译释

贯匈国在灭蒙鸟的东边，这里的人胸部有个孔洞。另一种说法认为，贯匈国在载国的东边。

贯匈，即贯胸，又称"穿胸"。贯胸国，又称"穿胸国"。贯胸国的人被称为"贯胸人""穿胸人""穿胸民"等。

根据《博物志》记载，夏禹治水时，在会稽山上举行盛大的集会，汇聚天下群神，但防风氏迟到了，禹就把他给杀了。禹统一天下后，气势极盛，因此天上降下两条神龙，禹命范成光驾龙巡行天下，宣扬德威。回程路经南海，防风氏的两个臣子因君王被杀，愤恨难消，见到禹的使者前来，就怒气冲冲地拉满弓弦射过去。但听得迅风雷雨，两条龙突然腾空飞升而去。这两位臣子心中惶恐，便自己用刀刺穿心口死了。禹哀悯他们的愚忠，派人拔下刀刃，又敷上不死之草，帮他们疗伤，自此他们的后裔都在胸口留下圆圆的洞。

为人胸有窍，载国东。

三首国在其东，其为人一身三首。

一曰在凿齿东。

——《山海经·海经·海外南经》

译释

《海外南经》记载，三首国位于极东方，在凿齿国东边。只有一个身子，却有三个脑袋。《海内西经》里也有三头人："服常树，其上有三头人，伺琅玕树。"是说有一种服常树，上面有个长着三个头的人，静静地伺机等待在琅玕树旁，因为相传琅玕树上能长出珠玉果实。

郭璞在《山海经·图赞》说：这三个头的五官是相通的。呼吸时，每个鼻孔会同时进出气来；一个头上的眼睛看到东西，其他两个头的眼睛也同时能看见。而一个嘴巴吃了东西，另外两张嘴就不会再想吃东西了。

一身三首，凿齿东。

三身国

三身国在夏后启北，一首而三身。

——《山海经·海经·海外西经》

　　三身国在夏后启所在地方的北方，这个国家的人都长着一个脑袋，三个身体。

　　《大荒南经》里记载：大荒之中，有不庭之山，荣水穷焉。有人三身。帝俊妻娥皇，生此三身国，姚姓，黍食，使四鸟。说是在不庭山附近有一种三身人，是帝俊与妻子娥皇的后裔，他们都是姚姓之族，以小米为主食，能使唤四鸟。

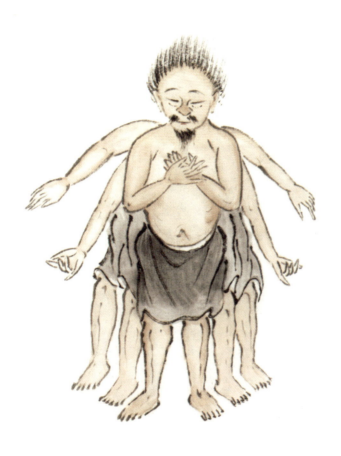

一首而三身，在夏后启北。

长
股
国

长股之国在雄常北，被发。
一曰长脚。

——《山海经·海经·海外西经》

《海外西经》记载，长股国在产雄常树的肃慎国的北方，国人常披散着头发。另有一种说法认为，长股国又称为长脚国。

此外，在《大荒西经》中也有长胫国，位于西北海之外、赤水之东，应该也是脚非常长的部族。

一云长脚过三丈，在雄常之北。

一目国

一目国在其东，一目中其面而居。

——《山海经·海经·海外北经》

《海外北经》记载，一目国在钟山的东方，那里的人相貌奇特，只有一只眼睛，长在脸部正中央。

《山海经》所记与一目国有关的独眼奇人还有两处，一为少昊之子，据《大荒北经》："有人一目，当面中生。一曰是威姓，少昊之子，食黍。"一为鬼国，据《海内北经》："鬼国在贰负之尸北，为物人面而一目。"

一目中其面而居，在烛龙之东。

聂耳之国在无肠国东，使两文虎，为人两手聂其耳。

县居海水中，及水所出入奇物。

两虎在其东。

——《山海经·海经·海外北经》

|译 释|

　　聂耳国在无肠国的东方。《海外北经》说，聂耳国人都有两只花斑虎随伺身旁，供其使唤。他们都长着一对极长的耳朵，走路时还得要用两只手托着。他们的县邑在海中的孤岛上，水中所有的珍奇怪异之物，都为他们所拥有。两只老虎在聂耳国的东边。

为人耳长，行则以手聂持之，在无肠国东。

小人国

有小人国，名靖人。

——《山海经·海经·大荒东经》

译 释

《大荒东经》记载，小人国在东海之外，大荒之中，位于大人国旁，又称靖人，身长大约只有九寸高，但形体、面目、四肢与常人无异。

所谓靖人，是指其身材细小。历代画谱中多是数个小人并列的模样，赤身长发，面有胡须。《山海经》里有四个地方提到这类身材细小的人。除了《大荒东经》的小人国，还有《海外南经》的周饶国、《大荒南经》的焦侥国，另有一种被称为菌人的小人。

人长九寸，在大荒东。

奇 | 禽 | 篇

西来青鸟东飞去，愿寄一书谢麻姑

鴸
／
柜
山

南次二经之首，曰柜山，西临流黄，北望诸毗，东望长右。

英水出焉，西南流注于赤水。其中多白玉，多丹粟。

有兽焉，其状如豚，有距，其音如狗吠，其名曰狸力，见则其县多土功。

有鸟焉，其状如鸱而人手，其音如痹，其名曰鴸，其名自号也，见则其县多放士。

——《山海经·山经·南次二经》

鴸（zhū）｜柜（jǔ）｜毗（pí）

译 释

　　南方第二列山系的第一座山叫做柜山，它西面邻接流黄酆氏国和流黄辛氏国，北与诸毗山相望，东与长右山相对。英水就发源于柜山，而后向西南流注入赤水。英水之中，多盛产白玉和丹砂。柜山里有一种野兽，形状如小猪，长着一对鸡爪，发出的声音像狗吠，名叫狸力。它出现在哪个郡县，那个地方就会有繁重的水土工程。柜山上还有一种鸟，样子长得像鹞鹰，爪子似人手，发出的叫声如雌鹌鹑，它的名字叫做鴸，这个名字是人们模仿它的叫声给它取的。这鸟出现在哪个郡县，那个地方有才识的人大多会被放逐。

　　传说尧的儿子丹朱，生性顽劣凶残，因此尧将帝位传给了舜，而把丹朱放逐到南方的丹水。丹朱与当地的三苗首领联合反抗尧，结果三苗的首领被杀，丹朱投海自杀，魂魄化为鴸鸟，整天发出"朱、朱、朱"的叫声。

鴸

状如鴟而人面人手，见则其县多放士，出柜山。

又东五百里，曰祷过之山，其上多金、玉，其下多犀、兕，多象。有鸟焉，其状如鹁，而白首、三足、人面，其名曰瞿如，其鸣自号也。

泿水出焉，而南流注于海。

其中有虎蛟，其状鱼身而蛇尾，其音如鸳鸯，食者不肿，可以已痔。

——《山海经·山经·南次三经》

祷（dǎo）｜兕（sì）｜鹁（jiāo）｜瞿（qú）｜泿（yín）

┃译 释┃

从天虞山向东五百里，是祷过山。山上富含金属矿物和玉石，山下则有很多犀牛、兕和大象。山里有一种鸟，外形很像鹁，头为白色，有三条腿，面部略似人脸，它的名字叫做瞿如，它的叫声就像在呼唤自己的名字——它的名字就是人们是模仿它的叫声给它取的。泿水发源于这祷过山，然后向南流去，最后注入大海。泿水之中有种水兽名叫虎蛟，形状像鱼，尾巴却如蛇一般，叫声似鸳鸯。人们吃了它的肉便不会得浮肿病，还可以治愈痔疮。

在《山海经》众多图谱中，瞿如还有另外的样子。胡文焕说：瞿如的身体像一般鸟类，长了三个鸟头、两只脚，头是白色的，尾巴很长。日本此绘作即采用胡说。而晋郭璞《山海经图赞·瞿如鸟》记载："瞿如三手，厥状似鹁。"

瞿如

状如鸡，而白首三足，出祷过山。

西南三百八十里，曰皋涂之山，蔷水出焉，西流注于诸资之水；涂水出焉，南流注于集获之水。

其阳多丹粟，其阴多银、黄金，其上多桂木。

有白石焉，其名曰礜，可以毒鼠。

有草焉，其状如藁芨，其叶如葵而赤背，名曰无条，可以毒鼠。

有兽焉，其状如鹿而白尾，马足人手而四角，名曰䗪如。

有鸟焉，其状如鸱而人足，名曰数斯，食之已瘿。

——《山海经·山经·西次一经》

数（shù）| 蔷（sè）| 礜（yù）| 藁（gǎo）| 芨（yǒu）| 䗪（jué）
瘿（yǐng）

译 释

从天帝山向西南三百八十里，是皋涂山。蔷水即发源于此山，而后向西流注入诸资水。涂水也发源于这里，之后向南流注入集获水。皋涂山的南边盛产丹砂，山的北边则多产白银和黄金，山上遍布着桂树。皋涂山里有一种白色的石头，名叫礜石，可以毒杀老鼠。山里还有一种叫无条的草，形状像藁芨，叶子像葵菜，只是背面是红色的，无条也可以用来毒杀老鼠。皋涂山上有种野兽，样子长得像鹿，白色的尾巴，后足似马蹄，前足则像人手，头上有四只角，名叫䗪如。山上还有一种鸟，外形像鹗鹰却长着像人脚一样的爪子，名叫数斯，吃了它的肉可以治疗脖子上的肿瘤病。

状如鸱而人足，出皋涂山。

鸾鸟 / 女床山

西南三百里，曰女床之山，其阳多赤铜，其阴多石涅，其兽多虎、豹、犀、兕。

有鸟焉，其状如翟而五采文，名曰鸾鸟，见则天下安宁。

——《山海经·山经·西次二经》

有五采鸟三名：一曰皇鸟，一曰鸾鸟，一曰凤鸟。

——《山海经·海经·大荒西经》

| 译 释 |

从高山向西南三百里，是女床山。女床山向阳的南边多出产红铜，山向阴的北面则出产大量的石墨。山里有不少的野兽，其中以老虎、豹子、犀牛和兕等猛兽为主。还有一种鸟，样子长得像野鸡，身披五彩花纹的羽毛，名叫鸾鸟。此鸟一出现，便会天下太平。

《广雅·释鸟》言："鸾鸟，凤皇属也。"《说文》记载："亦神灵之精也，赤色五采鸡形，鸣中五音，颂声作则至。周成王时氏羌献鸾鸟。"可见鸾鸟是和凤凰一样的难得的祥瑞之鸟，只要一出现便预示着天下安宁。

状如翟而五采文，出女床山。

又西二百里，曰鹿台之山，其上多白玉，其下多银，其兽多㸲牛、

羬羊、白豪。

有鸟焉，其状如雄鸡而人面，名曰凫徯，其鸣自讪也，见则有兵。

——《山海经·山经·西次二经》

徯（xī）

|译 释|

《西次二经》记载，从龙首山向西二百里，有座鹿台山。山上多产白玉，山下则多出白银。山里的野兽多是㸲牛、羬羊和白豪。鹿台山里有种鸟，形状像公鸡，却有一张人脸，名叫凫徯，它的叫声就像在呼唤自己的名字。它一出现，天下就会有战乱发生。

远古的人类，在他们的生活环境中不断地会遭遇各种灾厄。不论水灾、旱灾、风灾、蝗灾、兵灾等，都会带来极大的破坏力，让人们产生生存的危机感。因此具备预知的能力，也是先民所渴求的。巫术就是在这种情况下产生的。

状如雄鸡而人面，见则有兵，出鹿台山。

蛮蛮 ／ 崇吾山

西次三经之首，曰崇吾之山，在河之南，北望冢遂，南望䍃之泽，西望帝之搏兽之丘，东望螞渊。

有木焉，员叶而白柎，赤华而黑理，其实如枳，食之宜子孙。

有兽焉，其状如禺而文臂，豹虎而善投，名曰举父。

有鸟焉，其状如凫，而一翼一目，相得乃飞，名曰蛮蛮，见则天下大水。

——《山海经·山经·西次三经》

䍃（yáo）｜螞（yán）｜柎（fù）

译释

西方第三列山系的第一座山叫做崇吾山，此山坐落在黄河南岸。登山远眺，向北可以望见冢遂山，向南可以望见䍃泽，向西可以望见天帝的搏兽山，向东则可以望见螞渊。崇吾山里生长着一种树，有圆形的叶子，白色的花萼，红色的花瓣上有黑色的纹理，它的果实与枳树的果实差不多，吃了子孙兴旺。崇吾山上有一种野兽，外形看上去像猴子，臂膀上有斑纹，尾巴像豹尾，善于投掷东西，名叫举父。山中还有种鸟，样子像野鸭，却只有一只翅膀，一只眼睛，需要两只鸟互相配合才可以飞，这种鸟的名字叫蛮蛮。它如果出现，天下就会发生水灾。

郭璞说：蛮蛮就是比翼鸟。不过，古籍中的比翼鸟是祥瑞的象征，而蛮蛮却会带来洪水的灾难，可见特征不同。此外，在《西次四经》中还记载了一种出没于刚山洛水"鼠身而鳖首，其音如吠犬"的水兽，外形像老鼠，叫声如狗吠。

状如凫而一翼一目，相得乃飞，见则天下大水。

毕
方
／
章
莪
山

又西二百八十里，曰章莪之山，无草木，多瑶、碧。
所为甚怪。

有兽焉，其状如赤豹，五尾一角，其音如击石，其名曰㹍。

有鸟焉，其状如鹤，一足，赤文青质而白喙，名曰毕方，其鸣自
讹也，见则其邑有讹火。

——《山海经·山经·西次三经》

毕方鸟在其东，青水西，其为鸟人面一脚。
一曰在二八神东。

——《山海经·海经·海外南经》

莪（é）｜讹（wéi）

译释

《西次三经》记载，从长留山向西二百八十里，有座山叫章莪山，山
上草木不生，遍布着瑶、碧一类的美玉。山中多瑰丽奇异的物产。章莪山有
一种野兽，身形像豹子，一身红毛，长着五条尾巴，一只犄角，它发出的叫
声如同敲击石头，铮铮作响，所以它的名字叫做㹍。还有一种神鸟名叫毕方，
外型像鹤，只有一只脚，嘴是白色的，羽毛是青色的，上面还有红色的斑纹，
叫声就像在叫唤自己的名字。毕方出现的地方经常会莫名其妙地发生火灾。

《淮南子》说：毕方是树木的精灵所变的，不食五谷。《韩非子》则说：
黄帝在泰山众集鬼神时，乘坐着六条蛟龙牵引的战车，战车旁随侍的就是毕
方。但《海外南经》里描述的毕方，形象却是人面的独脚鸟。毕方是中国古
代传说中的火灾之兆，它是火神、也是木神，居住在树木中。

状如鹤，一足，赤文青质而白喙，见则其邑有讹火。

又西二百二十里，曰三危之山，三青鸟居之。

是山也，广员百里。

其上有兽焉，其状如牛，白身四角，其豪如披蓑，其名曰傲狠，是食人。

有鸟焉，一首而三身，其状如鸦，其名曰鸓。

——《山海经·山经·西次三经》

傲（ào）｜狠（yē）｜鸦（luò）

译释

再向西二百二十里，有座三危山，相传西王母的使者三青鸟，就栖息在此山。三危山方圆一百里。山上有一种兽，外形很像牛，一身白毛，头上长了四只犄角，它身上的长毛就像蓑衣，这种野兽的名字叫做傲狠，非常凶猛，会吃人。山里还有一种鸟，长着一个脑袋，三个身子，样子与鸦鸟相似，它的名字叫做鸓。郭璞说：鸓鸟长得像大鹰，身上有黑色的花纹，颈部是红色的。

青鸟是有三足的神鸟，是传说中西王母的使者，西王母驾临前，总有青鸟先来报信。是具有神性的吉祥之物，后人将它视为传递幸福佳音的使者。古诗中常常用来指爱情信使，如李商隐《无题》中就有"蓬山此去无多路，青鸟殷勤为探看"的诗句。

鵸

一首三身，其狀如䧿，出三危山。

西水行百里，至于翼望之山，无草木，多金玉。

有兽焉，其状如狸，一目而三尾，名曰讙，其音如夺百声，是可以御凶，服之已瘅。

有鸟焉，其状如乌，三首六尾而善笑，名曰鹩鴒，服之使人不厌，又可以御凶。

——《山海经·山经·西次三经》

又北三百里，曰带山，其上多玉，其下多青碧。

有兽焉，其状如马，一角有错，其名曰䑏疏，可以辟火。

有鸟焉，其状如乌，五采而赤文，名曰鹩鴒，是自为牝牡，食之不疽。

——《山海经·山经·北次一经》

鹩（yī）｜鴒（yú）｜讙（huān）｜瘅（dàn）｜䑏（quán）｜牝（pìn）
牡（mù）｜疽（jū）

详释

从泑山往西走一百里水路，就到了翼望山。山上没有草木，却遍布着金属矿物和玉石。翼望山上有一种野兽，外形像野猫，只有一只眼睛，却长着三条尾巴，名叫讙。它发出的叫声能压倒多种动物一起叫的声音，把它饲养起来，可以驱凶辟邪，而吃了它的肉可以治疗黄疸病。山里还有一种鸟，长得像乌鸦，却有三个脑袋，六条尾巴，喜欢像人一样嘻笑，名字叫鹩鴒，吃了它的肉就可以睡得香甜而不做噩梦，还可以抵御凶邪之气。

同样在《北次一经》里提到的鹩鴒，却稍有不同：带山上也有一种鸟，长得也像乌鸦，身上有五彩斑斓的红色纹路，雌雄同体，吃它的肉可以治毒疮。

状如乌，三首六尾，善笑，出翼望山。

又北二百二十里，曰盂山，其阴多铁，其阳多铜，其兽多白狼、白虎，其鸟多白雉、白翟。

生水出焉，而东流注于河。

——《山海经·山经·西次四经》

盂（yú）

| 译 释 |

从号山再向北二百二十里，就是盂山。山背阴的北边有很多铁矿，而山背阳的南边则多是铜矿。山里的野兽以白狼和白虎为最多，山中的飞鸟则多是白雉和白翟。生水即发源于盂山，之后向东流去，注入黄河。

白狼和白虎都是传说中的瑞兽，相传周穆王伐犬戎时曾得着四只白狼，因之大胜。《瑞应图》曰："白狼，王者仁德明哲则见；又王者进退动准法度则见。白虎者，仁而善，王者不暴则见。"传说中，白虎和青龙、朱雀、玄武并列，是天之四灵之一，为守护西方之神。古人认为只有当君主德至鸟兽、仁政爱民时，才会出现白色的瑞兽。

或作白翠，"雉、翟，一物二种。《经》白翟当为白翠。"出盂山。

又北三百二十里，曰灌题之山，其上多樗柘，其下多流沙，多砥。有兽焉，其状如牛而白尾，其音如叫，名曰那父。

有鸟焉，其状如雌雉而人面，见人则跃，名曰竦斯，其鸣自呼也。匠韩之水出焉，而西流注于泑泽，其中多磁石。

——《山海经·山经·北次一经》

竦（sǒng）｜樗（chū）｜柘（zhè）｜那（nuó）｜父（fǔ）

译 释

《北次一经》记载，从单张山向北三百二十里，是灌题山。山上臭椿树和柘树郁郁葱葱，山下则遍布流沙，还出产大量的磨刀石。山里有种野兽，样子长得像牛，有一条白尾巴，叫声就像人的呼喊声，名叫那父。山中还有一种鸟，样子与雌野鸡类似，但面部似人脸，看见人就跳跃起来，名叫竦斯，它的叫声就像在呼喊自己的名字。匠韩水就是发源于这灌题山，然后向西流注入泑泽。匠韩水中有很多的磁石。

《骈雅·释鸟》载：竦斯、当扈、白鹢、象蛇，皆雉属也。就是说竦斯是雉鸡之类的鸟类。古图谱中，有的竦斯不是人面，而是鸟头。

| 状如雌雉而人面，见人则跃，出灌题山。|

囂
鸟
／
梁
渠
山

又北三百五十里，曰梁渠之山，无草木，多金玉。

脩水出焉，而东流注于雁门。

其兽多居暨，其状如彙而赤毛，其音如豚。

有鸟焉，其状如夸父，四翼、一目、犬尾，名曰囂，其音如鹊，食之已腹痛，可以止衕。

——《山海经·山经·北次二经》

彙（wèi）｜衕（dòng）

| 译 释 |

《北次二经》中提到，从北嚣山再往北三百五十里，有座梁渠山。梁渠山上草木不生，盛产金玉。脩水发源于此，之后向东流注入雁门水。山里的野兽以居暨兽为多，这种野兽的样子像刺猬，浑身长满红毛，叫声如小猪。山里还有一种鸟，外形像《西次三经》中提到的举父，它有四个翅膀，一只眼睛，长着一条狗尾巴，名字叫作囂，叫声和喜鹊的叫声差不多。吃了它的肉可以治疗腹痛和腹泻。

| 其状如夸父，四翼一目犬尾，出梁渠山。 |

酸与 / 景山

又南三百里，曰景山，南望盐贩之泽，北望少泽，其上多草、薯蓣，其草多秦椒，其阴多赭，其阳多玉。

有鸟焉，其状如蛇，而四翼、六目、三足，名曰酸与，其鸣自詨，见则其邑有恐。

——《山海经·山经·北次三经》

柘（zhè）｜詨（jiào）

| 译 释 |

从教山向南三百里，就是景山。登景山远望，向南远望可见盐贩泽，向北远眺则可见少泽。山上长着很多草和薯蓣，所生草最多的是秦椒。此山北边盛产赭石，向阳的北边则比较多玉石。山里还有一种鸟叫酸与，看起来像蛇，却有两对翅膀、六只眼睛、三只脚，它的叫声就像在叫唤自己的名字。此鸟一旦出现，当地就会发生可怖、紊乱的事。

郭璞则说：吃它的肉可以千杯不醉。山经中的动物，既有吉兆也有凶兆，就像有些动物一出现，就代表有大恐慌或灾厄将会发生。

状如蛇，四翼六目三足，见则其邑有恐，出景山。

精卫 / 发鸠山

又北二百里，曰发鸠之山，其上多柘木，有鸟焉，其状如乌，文首、白喙、赤足，名曰精卫，其鸣自詨。

是炎帝之少女，名曰女娃。

女娃游于东海，溺而不返，故为精卫，常衔西山之木石，以堙于东海。

漳水出焉，东流注于河。

——《山海经·山经·北次三经》

译释

再向北走二百里，有座山叫发鸠山，山上长了很多柘树。山上树林里有一种鸟，它的形状像乌鸦，头上羽毛有花纹，白色的嘴，红色的脚，名叫精卫，鸟的叫声像在呼唤自己的名字。精卫本来是炎帝的小女儿，名叫女娃。有一次，女娃去东海游玩，溺水身亡，再也没有回来，于是化为精卫鸟。精卫经常衔着西山上的树枝和石子，用来填塞东海。漳河就发源于这发鸠山，之后向东流去，注入黄河。

中国上古神话传说之精卫填海即来源于此，如著名作家茅盾言："精卫与刑天是属于同型的神话，都是描写象征百折不回的毅力和意志的。"五柳先生陶渊明《读山海经·其十》诗曰：精卫衔微木，将以填沧海。刑天舞干戚，猛志固常在。同物既无虑，化去不复悔。徒设在昔心，良辰讵可待。其中的反抗精神，其实是中国先民勇敢坚韧的品格之体现。

精衛

状如乌，文首白喙赤足，出发鸠山。

蚩鼠 / 栒状山

又南三百里，曰栒状之山，其上多金、玉，其下多青碧石。
有兽焉，其状如犬，六足，其名曰从从，其鸣自詨。
有鸟焉，其状如鸡而鼠毛，其名曰蚩鼠，见则其邑大旱。
汜水出焉，而北流注于湖水。
其中多箴鱼，其状如儵，其喙如箴，食之无疫疾。

——《山海经·山经·东次一经》

蚩（zǐ） | 栒（xún） | 汜（zhǐ） | 儵（yóu）

译 释

《东次一经》里叙述，从藟山向南三百里，是栒状山。山上盛产金属矿物和玉石，山下多产青石和碧玉。栒状山里有一种野兽，样子长得像狗，六只爪子，名字叫做从从，它的叫声就像它的名字。栒状山里有一种鸟，长得像鸡，毛好像老鼠的毛，它的名字叫做蚩鼠。谁见到它出现，他的都邑就会发生大旱灾。汜水就发源于栒状山，而后向北流注入湖水。汜水多产箴鱼，样子像儵鱼，有着像针一样的又尖又细的嘴巴，人若吃了这种鱼就不会得瘟疫。

关于蚩鼠，有两种版本。一种是说它长得像鸡却有着老鼠的尾巴，一种是说它长得像鸡却有老鼠的毛发。其中，《康熙字典》引用的是"有鸟焉，其状如鸡而鼠尾。"而袁珂《山海经校译》取的则是："有鸟焉，其状如鸡而鼠毛"。

状如鸡而鼠毛，见则其邑大旱，出枸状山。

絜
钩
／
硬
山

又南五百里，曰硬山，南临硬水，东望湖泽。

有兽焉，其状如马，而羊目、四角、牛尾，其音如獆狗，其名曰
峳峳，见则其国多狡客。

有鸟焉，其状如凫而鼠尾，善登木，其名曰絜钩，见则其国多疫。

——《山海经·山经·东次二经》

絜（xié）｜硬（zhēn）｜獆（háo）｜峳（yōu）

译 释

从凫丽山再向南五百里，是硬山。硬山坐落在硬水北岸，登上山顶，
向东可以望见湖泽。山里有一种野兽，外形长得很像马，眼睛像羊，头上有
四只犄角，尾巴似牛，叫声就像狗吠，它的名字叫做峳峳。凡是它出现的国
家，那个国家就会招来一批四方狡猾之徒。硬山山里还有一种鸟，样子像野
鸭子，却长着老鼠一样的尾巴，此鸟善于爬树，它的名字叫做絜钩。它出现
在哪个国家，那里就频繁发生各种瘟疫。

状如兔而鼠尾，善登木，见则其国多疫，出碹山。

跂踵 / 复州山

又西二十里，曰复州之山，其木多檀，其阳多黄金。

有鸟焉，其状如鸮，而一足彘尾，其名曰跂踵，见则其国大疫。

——《山海经·山经·中次十经》

跂（qǐ） | 踵（zhǒng）

译 释

从勇石山往西二十里，有座复州山。山中的树木以檀树为主，山向阳的南坡盛产黄金。山里有一种怪鸟长得像猫头鹰，只有一只脚，身后还有一条猪尾巴，名叫跂踵。一旦出现就会发生瘟疫。

《山海经》中有两处跂踵，除了《中次十经》里的这种怪鸟外，还有《海外北经》里提到的跂踵国。这个国家位于拘缨国的东边，那里的人不仅长得高大，两只脚也很大，所以又称大踵国。原文为"跂踵国在拘缨东，其为人大，两足亦大。一曰大踵。"郭璞的注说：跂踵国人走路时，脚跟不着地。所以跂踵也是形容踮起脚跟的样子，引申为有企求、仰慕之意。

状如鸮，一足彘尾，见则其国大疫，出复州山。

又东二百里，曰丑阳之山，其上多椆、椐。

有鸟焉，其状如乌而赤足，名曰鴲鵌，可以御火。

——《山海经·山经·中次十一经》

鴲（zhǐ）｜鵌（tú）｜椆（chóu）｜椐（jū）

译 释

从求山向东二百里，是丑阳山。山中树木以椆树和椐树为多。此山中有一种鸟，它的外形很像乌鸦，生有红色的爪子，名叫鴲鵌，可以饲养它用来预防火灾。

椆树，古书上只说它是一种冬天不落叶的树。椐树又名柜树，又名灵寿木，它的树干一节一节的像竹子，可以做手杖，吃了它的籽儿可以长寿。

状如乌而赤足，可以御火，出丑阳山。

异 | 兽 | 篇

壹角马尾出绝壁，绿毛忽向人间行

南山之首曰誰山。其首曰招摇之山，临于西海之上，多桂，多金玉。有草焉，其状如韭而青华，其名曰祝馀，食之不饥。有木焉，其状如穀而黑理，其华四照。其名曰迷穀，佩之不迷。有兽焉，其状如禺而白耳，伏行人走，其名曰狌狌，食之善走。丽麖之水出焉，而西流注于海，其中多育沛，佩之无瘕疾。

——《山海经·山经·南次一经》

狌狌知人名，其为兽如豕而人面，在舜葬西。

——《山海经·海经·海内南经》

狌（xīng）｜誰（què）｜麖（jīn）｜瘕（jiǎ）

译 释

《南次一经》记载：南方第一列山系叫做誰山山系，此山系第一座山叫做招摇山，它耸立在西海边上。山上有很多桂树，还蕴藏着大量的金属矿物和玉石。山里有种草，样子像野韭菜，开青色的花，草的名字叫祝馀，吃了它就不会感到饥饿。山上有种树，外形像构树，有黑色的纹理，其光耀四方，树的名字叫做迷穀，人们若是佩带着它就不容易迷路。山上还有一种野兽，样子长得像猿猴，不过耳朵是白色的，既能匍匐爬行，也能像人一样直立行走，这种野兽的名字叫做狌狌，吃了它的肉可以走得很快。丽麖水就发源于这招摇山中，然后向西流注入西海。丽麖水中有种叫育沛的东西，佩带着它，人们就不会得寄生虫。

《山海经》里关于狌狌的描述还有多处，其实狌狌就是猩猩，不过《海内南经》记载的狌狌，却是人脸猪形，传说他通晓过去的事情，但是却无法知道未来的事情。《淮南子》中说："狌狌知往而不知来者，乾鹄知来而不知往，此修短之分也。"《礼记》说："狌狌能言，不离走兽，见人狂走，则知人姓字，此知往者，又嗜酒，人以酒搏之饮，而不耐息，不知当醉，以禽其身，故曰不知来者。"

状如禺而白耳，伏行人走，出招摇山。

又东四百里，曰亶爰之山，多水，无草木，不可以上。

有兽焉，其状如狸而有髦，其名曰类，自为牝牡，食者不妒。

——《山海经·山经·南次一经》

亶（chán）｜爰（yuán）｜髦（máo）｜为（wéi）

译 释

《南次一经》里记载，从柢山向东四百里，有座亶爰山。山中溪流遍布，却草木不生。这座山异常险峻，难以攀登。山上还有种野兽，外形长得像野猫，脖子上有鬃毛，它的名字叫做类，是种雌雄同体的奇兽。吃了类的肉，人们就不会争风吃醋相互嫉妒。

类，又叫狸，云南蒙山人叫它香髦。《楚辞》《列子》和《本草拾遗》等古籍都曾提到这种动物。类最奇特之处，在于它雌雄同体，自己受孕繁殖，因而衍生出不会产生妒忌之心的说法。

頯

状如貍而有髦，自为牝牡，出亶爰山。

九尾狐 / 青丘山

又东三百里，曰青丘之山，其阳多玉，其阴多青䨼。

有兽焉，其状如狐而九尾，其音如婴儿，能食人，食者不蛊。

——《山海经·山经·南次一经》

䨼（hù）

译释

《南次一经》记载，从基山再往东三百里就是青丘山。青丘山物产丰盛，向阳的南坡盛产玉石，而背阴的北坡则盛产青䨼。山里有种奇兽名唤九尾狐，它的外型像狐狸，有九条尾巴，叫声却像婴儿的哭声，会吃人。相传吃了它的肉，可以不受妖邪疠气的侵扰。

《山海经》的《海外东经》和《大荒东经》里都提到青丘山上有九尾狐。九尾狐是东亚区域古代神话传说中的神异动物，也是中国古代神话中的生物，常用来象征祥瑞。九尾狐的形象最基本的特点就是"九尾"，传说世平则出为瑞也。《瑞应图谱》中说："王者不倾于色，则九尾狐至焉"。而《宋书·符瑞志》则说："白狐，王者仁智则至"。

狐身九尾，能食人，出青丘山。

又东三百四十里，曰尧光之山，其阳多玉，其阴多金。

有兽焉，其状如人而彘鬣，穴居而冬蛰，其名曰猾褢，其音如斫木，见则县有大繇。

——《山海经·山经·南次二经》

褢（huái）｜鬣（liè）

《南次二经》里提到，从长右山再往东三百四十里有座尧光山，尧光山向阳的南面多产玉石，背阴的北坡则盛产金属。山中的有怪兽，外型像人，全身长满猪鬣般的粗毛。这种怪兽居住在山洞里，冬季就蛰伏不出，它的叫声就像伐木的声音。它所出现的郡县就一定会有繁重的徭役。

状如人而彘鬣，音如斫木，见则县有大繇，出尧光山。

彘
／
浮
玉
山

又东五百里，曰浮玉之山，北望具区，东望诸毗。

有兽焉，其状如虎而牛尾，其音如吠犬，其名曰彘，是食人。

苕水出于其阴，北流注于具区，其中多鲞鱼。

——《山海经·山经·南次二经》

毗（pí）| 鲞（zǐ）| 句（gōu）

《南次二经》说：从句余山再向东五百里，有座浮玉山。登山远眺，向北可望具区湖，向东可望诸毗水。浮玉山上有种野兽，样子长得像老虎，却长着一条牛尾巴，很像狗吠，它的名字叫做彘，是一种吃人的怪兽。苕水就发源于浮玉山的北坡，然后向北流注入太湖。苕水之中，盛产鲞鱼。

在《山海经》图谱中，彘还有另一种形象：外形像狮猴，有张人的脸，却有四只耳朵，身上的毛色像老虎的斑纹，尾巴像牛尾，叫声像狗，会吃人，若是看见它就有大洪水。

狀如虎而牛尾，音如吠犬，食人，出浮玉山。

羦
/
洵
山

又东四百里，曰洵山。其阳多金，其阴多玉。

有兽焉，其状如羊而无口，不可杀也，其名曰羦。

洵水出焉，而南流注于阏之泽，其中多茈蠃。

——《山海经·山经·南次二经》

羦（huàn）| 阏（è）| 茈（zǐ）| 蠃（luó）

|译 释|

　　《南次二经》记载，咸阴山再往东走四百里，有座洵山，山向阳的南坡盛产金属矿石，向阴的北面则盛产玉石。洵山里有种怪兽，外形长得像黑色的羊，却没有嘴巴，不吃不喝也不会死。它的名字叫做羦。洵水发源于洵山，向南流注入阏泽。洵水之中，则盛产紫色的螺。

状如羊而无口，出洵山。

东五百里，曰祷过之山，其上多金、玉，其下多犀、兕，多象。

——《山海经·山经·南次三经》

又西三百二十里，曰嶓冢之山。……其上多桃枝、钩端，兽多犀、兕、熊、罴，鸟多白翰、赤鷩。

——《山海经·山经·西次一经》

又北三百二十里，曰敦薨之山，其上多棕枏，其下多茈草。……其兽多兕、旄牛，其鸟多鸤鸠。

——《山海经·山经·北次一经》

又东北一百里，曰美山，其兽多兕牛，多闾麈，多豕鹿，其上多金，其下多青雘。

——《山海经·山经·中次八经》

兕在舜葬东，湘水南，其状如牛，苍黑，一角。

——《山海经·海经·海内南经》

嶓（bō）｜鷩（bì）｜兕（sì）｜麈（zhǔ）｜雘（huò）

译释

兕是《山海经》中一种常见的野兽，一共出现了九次之多。其中《南山经》祷过山一次，《西山经》嶓冢山、女床山、皮阳山、众兽山各一次，《北山经》敦薨山一次，《中山经》美山、崌山各一次，《海内南经》里一次。

郭璞说："犀似水牛。兕亦似水牛，青色，一角，重三千斤。"兕是一种瑞兽，形状似牛，全身长着黑色的毛，头上只长着一只角。逢天下将盛，而现世出。有人说就是雌犀牛。

状如牛，苍黑，一角。

葱聋 ／ 符禺山

又西八十里，曰符禺之山，其阳多铜，其阴多铁。

其上有木焉，名曰文茎，其实如枣，可以已聋。

其草多条，其状如葵，而赤华黄实，如婴儿舌，食之使人不惑。

符禺之水出焉，而北流注于渭。

其兽多葱聋，其状如羊而赤鬣。

其鸟多鴖，其状如翠而赤喙，可以御火。

——《山海经·山经·西次一经》

鴖（mín）｜喙（huī）

译 释

从小华山向西八十里，是符禺山，此山物产丰富，向阳的南坡有丰富铜矿，背阴的北坡则蕴藏铁矿。山上有一种树木叫文茎，果实像枣子，可以用来治疗耳聋。山里的草以条草为主，这种草长得像山葵菜，红花黄果，外形就像婴儿的舌头，吃了它就不会被邪气给迷惑。

符禺水就发源于这符禺山里，之后往北流入渭水。山上的野兽大多是葱聋，它长得像羊，有红色的鬣毛。山里的鸟类以鴖鸟居多，这种鸟外形像翠鸟，嘴巴是红的，这种鸟能报火警，养了它可以防御火灾。

郝懿行云："此即野羊之一种，今夏羊亦有赤鬣者。"

李时珍说："生江南者为吴羊，毛短；生秦晋者为夏羊，毛长，剪毛为毡，又谓之绵羊。"

状如羊而赤鬣，出符禺山。

又西七十里，曰獜次之山，漆水出焉，北流注于渭。

其上多棫、橿，其下多竹箭，其阴多赤铜，其阳多婴垣之玉。

有兽焉，其状如禺而长臂，善投，其名曰嚣。

有鸟焉，其状如枭，人面而一足，名曰橐𩙥，冬见夏蛰，服之不畏雷。

——《山海经·山经·西次一经》

獜（yú）｜棫（yù）｜橿（jiāng）｜橐（tuó）｜𩙥（féi）

译释

　　《西次一经》记载：从浮山再向西七十里，是獜次山。漆水发源于獜次山，然后向北流注入渭河。山上又很多生棫树和橿树，山下则是茂密的细竹。山背阴的北面多产赤铜，向阳的南边则盛产婴垣玉。獜次山中有一种野兽，外形看上去像猿猴，胳膊很长，善于投掷，它的名字叫做嚣。山上还有一种鸟，样子像猫头鹰，却长着人脸，只有一只脚，名叫橐𩙥。这种鸟冬天出现、夏天蛰伏，佩带着它的羽毛，就不怕打雷。

状如禺而长臂，善投，出羭次山。

又西百七十里，曰南山，上多丹粟。丹水出焉，北流注于渭。兽多猛豹，鸟多尸鸠。

——《山海经·山经·西次一经》

│译 释│

《西次一经》里记载，从时山往西走一百七十里，就是南山。南山上到处都是粟米大小的丹砂。丹水就发源于此山，之后向北流去，注入渭河。山里野兽以猛豹居多，鸟类中最多的是布谷鸟。

猛豹到底是什么，自古即意见不一。有人认为猛豹就是梦貘，清代学者郝懿行在其所著《山海经笺疏》中就认为"猛豹即貘豹"。还有人认为猛豹是大熊猫，而郭璞在注解时则说："猛豹似熊而小，毛浅，有光泽。"古人在为它作图时多画成豹的样子。

似熊而小，毛浅有光泽，出南山。

西南三百八十里，曰皋涂之山，蔷水出焉，西流注于诸资之水；
涂水出焉，南流注于集获之水。

其阳多丹粟，其阴多银、黄金，其上多桂木。

有白石焉，其名曰礜，可以毒鼠。

有草焉，其状如槀茇，其叶如葵而赤背，名曰无条，可以毒鼠。

有兽焉，其状如鹿而白尾，马足人手而四角，名曰獿如。

有鸟焉，其状如鸱而人足，名曰数斯，食之已瘿。

——《山海经·山经·西次一经》

獿（ying）

译释

从天帝山向西南三百八十里，是皋涂山。蔷水即发源于此山，而后向西流注入诸资水。涂水也发源于这里，之后向南流注入集获水。皋涂山的南边盛产丹砂，山的北边则多产白银和黄金，山上遍布着桂树。皋涂山里有一种白色的石头，名叫礜石，可以毒杀老鼠。山里还有一种叫无条的草，形状像槀茇，叶子像葵菜，只是背面是红色的，无条也可以用来毒杀老鼠。皋涂山上有种野兽，样子长得像鹿，白色的尾巴，后足似马蹄，前足则像人手，头上有四只角，名叫獿如。山上还有一种鸟，外形像鹘鹰却长着像人脚一样的爪子，名叫数斯，吃了它的肉可以治疗脖子上的肿瘤病。

有的书上把獿如写成获如，是一种集合了鹿、马、人三种特征于一身的怪兽。郭璞说：这种野兽可以牢牢地攀附在树木和岩石上，而不会跌落下来。

状如鹿，白尾马足人手四角，出皋涂山。

麢羊 / 翠山

又西二百里，曰翠山，其上多棕、柟，其下多竹箭，其阳多黄金、玉，其阴多旄牛、麢、麝。

其鸟多鸓，其状如鹊，赤黑而两首、四足，可以御火。

——《山海经·山经·西次一经》

麢（líng）｜柟（nán）

译释

从黄山再向西方二百里，有座翠山，山上满是棕树和楠木，山下则多细竹林。山向阳的南坡盛产黄金和玉石，背阴的北坡有许多旄牛、麢羊和麝。山上的鸟类以鸓鸟居多，这种鸟外形样子像喜鹊，红黑色的羽毛，不过长着两个脑袋，四只爪子，饲养它可以防御凶邪。

郭璞的注说：麢羊，似羊而大，角圆锐，好在山崖间。元代的《古今韵会举要》也说，麢羊的角卷曲如圆，晚上休息时会找个安全的地方，把大角挂在树上，将身体悬空以躲避天敌。所以麢羊应该就是羚羊，喜欢出没于山崖之间。

靈羊

｜似羊而大，角圆锐，好在山崖间，翠山多此兽。｜

又西三百五十里，曰玉山，是西王母所居也。

西王母，其状如人，豹尾虎齿而善啸，蓬发戴胜，是司天之厉及五残。

有兽焉，其状如犬而豹文，其角如牛，其名曰狡，其音如吠犬，见则其国大穰。

有鸟焉，其状如翟而赤，名曰胜遇，是食鱼，其音如录，见则其国大水。

——《山海经·山经·西次三经》

译释

从嬴母山再向西行经三百五十里，就是玉山，这里是西王母居住的地方。西王母的形貌像人一样，长着一条豹子尾巴，老虎的牙齿，且善于发出长长的啸叫声，蓬头乱发的头上戴着饰物玉胜。她主管上天的灾难和五刑残杀之气。玉山里有一种兽，形状像狗，身上有豹纹，头上长着和牛角一样的角，它的名字叫做狡，叫声似狗吠。在哪个国家出现就会使那个国家五谷丰登。山里还有一种鸟，样子像野鸡，全身通红，名叫胜遇，以鱼为生，它所发出的叫声如同鹿的声音一样，凡是它出现的地方就会发生水灾。

状如犬，豹文牛角，音如吠犬，见则其国大穰，出玉山。

又西二百八十里，曰章莪之山，无草、木，多瑶、碧。
所为甚怪。

有兽焉，其状如赤豹，五尾一角，其音如击石，其名曰狰。

有鸟焉，其状如鹤，一足，赤文青质而白喙，名曰毕方，其鸣自
讪也，见则其邑有讹火。

——《山海经·山经·西次三经》

莪（é）

译释

《西次三经》记载，从长留山向西二百八十里，有座章莪山，山上草木
不生，遍布着瑶、碧一类的美玉。山中多瑰丽奇异的物产。章莪山有一种野兽，
身形像豹子，一身红毛，长着五条尾巴，一只犄角，它发出的叫声如同敲击
石头，铮铮作响，所以它的名字叫做狰。还有一种神鸟名叫毕方，外型像鹤，
只有一只脚，嘴是白色的，羽毛是青色的，上面还有红色的斑纹，叫声就像
在叫唤自己的名字。毕方出现的地方经常会莫名其妙地发生火灾。

传说狰以猛兽毒虫为食，千步之外就能闻到猎物身体发出的浓烈气味。
我们通常用"面目狰狞"来形容恶人。其中"狰和狞"本是两种怪兽，雄性
为狰、雌性为狞。

状如赤豹，五尾一角，音如击石，出章莪山。

又西三百里，曰阴山，浊浴之水出焉，而南流注于蕃泽，其中多
文贝。

有兽焉，其状如狸而白首，名曰天狗，其音如榴榴，可以御凶。

——《山海经·山经·西次三经》

| 译 释 |

　　章莪山再往西三百里，有座阴山，浊浴水发源于此，然后往南流去，注
入蕃泽，水中有许多五彩斑斓的贝类。山里有种野兽，模样长得像野猫，头
部是白色的，发出的叫声也像猫一样，饲养它可以抵御火灾。

　　《太平御览》记载，秦襄公时，在白鹿原这个地方曾有天狗出现，若有
贼人来犯，天狗就会大叫，保护此地的居民。后来演变成用来形容彗星和流
星，古人将天空奔星视为大不吉，所以天狗也变成了凶星的称谓。《史记·天
官》载："天狗状如大奔星，有声，其下止地类狗，所堕及炎火，望之如火光，
炎炎冲天。"

状如狸而白首，出阴山。

白鹿 / 上申山

又北百二十里，曰上申之山，上无草木，而多硌石，下多榛楛，兽多白鹿。

其鸟多当扈，其状如雉，以其髯飞，食之不眴目。

汤水出焉，东流注于河。

——《山海经·山经·西次四经》

硌（luò）｜楛（hù）

|译 释|

　　鸟山北边一百二十里处，有座上申山。上申山上满山都是凸出来的大石块，没有任何草木生长，而山下长满了榛树和楛树。山间飞禽走兽众多，走兽大多都是白鹿。而飞禽多为扈。它的样子像野鸡，用长髯来做翅膀飞行，吃了它的肉就可以使人不眨眼。汤水就从这座山发源，向东流入黄河。

　　白鹿是一种瑞兽，据说普通的鹿生长千年毛皮就会变成苍色，再长五百年它的毛皮才能变白，足见白鹿之珍贵。作为长寿的仙兽，白鹿代表着人们祈求长寿的愿望。古人还认为，只有天子体察民情、政治清明的时候，白鹿才会出现。《尚书》记载，周穆王为了获得白鹿，甚至还发动了一场战争，《明史》中也有许多臣下将白鹿进献朝廷的记载。现在位于西安市蓝田县的白鹿原，就是以白鹿游于此而得名。

生千五百年，白毛，见则多寿，出上申山。

又西三百里，曰中曲之山，其阳多玉，其阴多雄黄、白玉及金。

有兽焉，其状如马，而白身黑尾，一角，虎牙爪，音如鼓音，其名曰驳，是食虎豹，可以御兵。

有木焉，其状如棠，而员叶赤实，实大如木瓜，名曰櫰木，食之多力。

——《山海经·山经·西次四经》

北海内有兽，其状如马，名曰騊駼。

有兽焉，其名曰驳，状如白马，锯牙，食虎豹。

有素兽焉，状如马，名曰蛩蛩。

有青兽焉，状如虎，名曰罗罗。

——《山海经·海经·海内北经》

驳（bó）｜櫰（guī）｜騊（táo）｜駼（tú）｜蛩（qióng）

译释

从英鞮山再向西三百里，有座中曲山。山向阳的南边盛产玉石，背阴的北面则多产雄黄、白玉和金属矿物。中曲山上有一种怪兽，外形的样子像马，白色的身体，黑色的尾巴，长有一只角，锋牙利爪如同老虎，它的叫声就像是擂鼓，这种怪兽的名字叫驳，经常捕食豹子和老虎，如能经过驯养，它会保护主人免遭刀兵之灾。中曲山里还有一种树木，形状与棠梨树无异，只不过叶子是圆形的，所结的果子是红色的，而且大得像木瓜，这种树的名字叫櫰木，人若吃了这种果子就会健壮有力。

同样在《海外北经》中也到了驳，不过并没有角。《尔雅》和《周书》中的驳也没提到有角。但无异，这是一种可以吃掉豹子和老虎的猛兽。

状如马而白身黑尾，一角，虎牙爪，音如鼓音，是食虎豹，出中曲山。

穷奇 / 邽山

又西二百六十里，曰邽山。其上有兽焉，其状如牛，蝟毛，名曰穷奇，音如獋狗，是食人。

——《山海经·山经·西次四经》

穷奇状如虎，有翼，食人从首始，所食被发。在蜪犬北。一曰从足。

——《山海经·海经·海内北经》

邽（guī）｜被（pī）｜蜪（táo）

译释

穷奇是中国神话传说中的古代四凶之一（其余三凶为饕餮、梼杌、混沌）。《山海经》里记载了它的两种形象。《西次四经》中说：从中曲山向西二百六十里，是邽山。山里有一种野兽，样子长得很像牛，毛却像刺猬，名叫穷奇，它叫声就像狗的獋叫声，是一种吃人猛兽。而在《海内北经》里，穷奇外貌却像老虎，长有一双翅膀，喜欢吃人，更会从人的头部开始进食，是一头凶恶的异兽。虽有差异，但都是喜欢食人的凶兽。

司马迁的《史记·五帝本纪》记载了穷奇的来历："少昊氏有不才子，毁信恶忠，崇饰恶言，天下谓之穷奇。"少昊氏是黄帝的儿子，也就是说穷奇是黄帝的孙子。

状如牛，猬毛，是食人，出邽山。

又东南二百里，曰钦山，多金玉而无石。

师水出焉，而北流注于皋泽，其中多鳝鱼，多文贝。

有兽焉，其状如豚而有牙，其名曰当康，其鸣自训，见则天下大穰。

——《山海经·山经·东次四经》

| 译 释 |

从女烝山向东南二百里，是钦山。山上遍布各种金属矿物和玉石，没有一块普通石头。师水就发源于钦山，然后向北流最后注入皋泽。师水之中，多产鳝鱼和五彩斑斓的贝壳。山里有种野兽，样子像小猪，有两颗獠牙，它的名字叫做当康，它的叫声就像在呼唤自己的名字。这种野兽出现，天下就会大丰收。

当康是中国古代神话传说中的瑞兽，传说在丰收的年岁里鸣叫着自己的名字跳着舞出现。郝懿行注："当康大穰，声转义近，盖岁将丰稔，兹兽先出以鸣瑞。"

状如豚而有牙，见则天下大穰，出钦山。

又北三百里，曰带山，其上多玉，其下多青碧。

有兽焉，其状如马，一角有错，其名曰獓疏，可以辟火。

有鸟焉，其状如乌，五采而赤文，名曰鵸鵌，是自为牝牡，食之不疽。

——《山海经·山经·北次一经》

獓（huān）

从求如山再往北三百里，有座带山。山上盛产玉石，山下则盛产青石和碧石。带山里有一种野兽，外形长得像马，长着一只像磨石的犄角，这种野兽的名字叫做獓疏，把它饲养起来可以预防火灾。还有一种鸟，样子像乌鸦，五彩的羽毛上有红色的斑纹，名叫鵸鵌，这种鸟雌雄同体，吃它的肉可以治毒疮。

状如马，一角有错，可以辟火，出带山。

孟槐 ／ 谯明山

又北四百里，曰谯明之山，谯水出焉，西流注于河。

其中多何罗之鱼，一首而十身，其音如吠犬，食之已痈。

有兽焉，其状如貆而赤豪，其音如榴榴，名曰孟槐，可以御凶。

是山也，无草、木，多青、雄黄。

——《山海经·山经·北次一经》

貆（huán）

详释

从带山再向北四百里，就是谯明山。谯水发源于这谯明山里，之后向西流去，最后注入黄河。谯水之中盛产何罗鱼，这种鱼有一个脑袋，十个身子，它的叫声就像狗叫一样，吃了它的肉可以治疗脓疮。谯明山中还有有一种野兽，外形长得和豪猪一样，不过软毛却是红色的，它的叫声就像轳辘声，这种怪兽名叫孟槐，把它饲养起来可以防避凶邪之气。谯明山上没有任何草木，却遍布着石青和雄黄。

晋郭璞在《山海经图赞·孟槐》中说："孟槐似貆，其豪则赤，列象畏兽，凶邪是辟。"

猼訑

状如羊而赤豪，音如榴榴，出譙明山。

又北二百里，曰丹熏之山，其上多樗、柏，其草多韭薤多丹雘。熏水出焉，而西流注于棠水。

有兽焉，其状如鼠，而菟首麋身，其音如獋犬，以其尾飞，名曰耳鼠，食之不脒，又可以御百毒。

——《山海经·山经·北次一经》

薤（xiè）｜ 雘（huò）｜菟（tù）｜脒（cǎi）｜蕎（jiào）

《北次一经》中说，从虢山再向北行经二百里，有座丹熏山。山上遍布着臭椿树和柏树，还有很多野韭菜和蕎头，还盛产丹雘。熏水就发源于这座丹熏山，之后向西流去，最后注入棠水。丹熏山中有种野兽，外形长得像老鼠，它的脑袋像兔子头，身体好似麋鹿，叫声如同狗吠，这种野兽可以用它的尾巴滑翔，名叫耳鼠。吃了它就不会得肚子鼓胀的病，还可以防御百毒侵害。

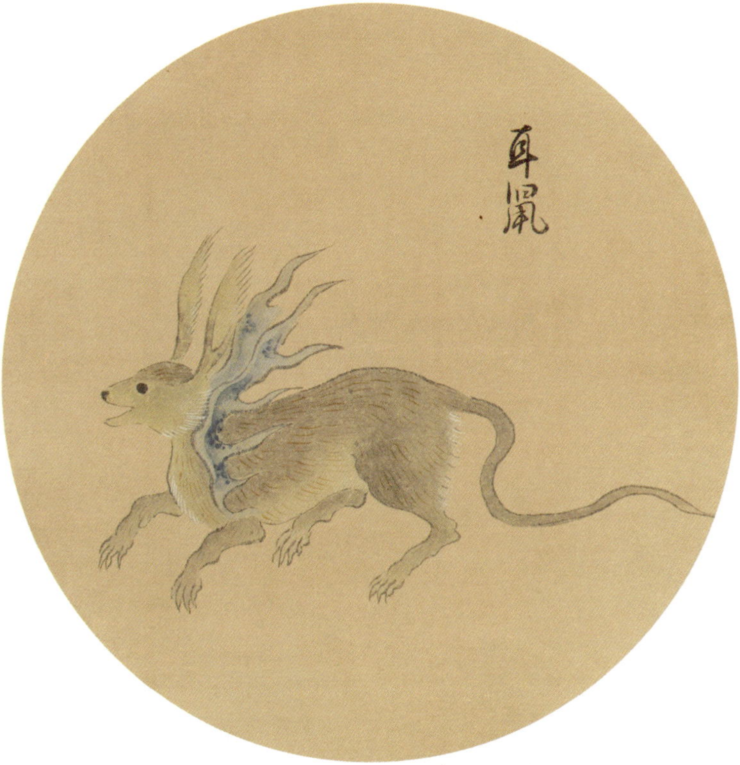

| 状如鼠，而菟首麋耳，音如獋犬，以其尾飞，可以御百毒，出丹熏山。|

又北百八十里，曰单张之山，其上无草木。

有兽焉，其状如豹而长尾，人首而牛耳，一目，名曰诸犍，善吒，行则衔其尾，居则蟠其尾。

有鸟焉，其状如雉，而文首、白翼、黄足，名曰白鵺，食之已嗌痛，可以已痸。

栎水出焉，而南流注于杠水。

——《山海经·山经·北次一经》

鵺（yè）｜嗌（yì）｜痸（chì）

　　《北次一经》里记载，从蔓联山再向北一百八十里，有座单张山，山上寸草不生。那里有一种怪兽名叫诸犍，形体长得像豹，身后拖着一条长长的尾巴，有着略似人的脑袋、牛的耳朵，却只有一只眼睛。诸犍喜欢大声吼叫，行走时会用嘴衔着尾巴，休息时则把尾巴给盘起来。还有一种鸟，样子像野鸡，花脑袋，白翅膀，黄爪子，名叫白鵺，吃了它的肉可以治疗咽喉痛，还可以治疗癫狂症。栎水从这里发源，然后向南流去，最后注入杠水。

狀如豹，而長尾人首牛耳一目，行則銜其尾，居則蟠其尾，出單張山。

又北三百二十里，曰敦薨之山，其上多棕柟，其下多茈草。

敦薨之水出焉，而西流注于泑泽。

出于昆仑之东北隅，实惟河源。

其中多赤鲑。

其兽多兕、旄牛，其鸟多鸤鸠。

——《山海经·山经·北次一经》

又北二百里，曰潘侯之山，其上多松、柏，其下多榛、楛，其阳多玉，其阴多铁。

有兽焉，其状如牛，而四节生毛，名曰旄牛。

边水出焉，而南流注于栎泽。

——《山海经·山经·北次一经》

鲑（gui）| 兕（si）

译释

《北次一经》里有两处记载旄牛，一处是潘侯山里的旄牛，一处是敦薨山里的旄牛。

从大咸山向北三百二十里，有座敦薨山。山上多生棕树和楠树，山下则是茂密的茈草。敦薨水从敦薨山流出，向西流去，最后注入泑泽。泑泽位于昆仑山的东北角，是黄河的源头。敦薨水中盛产赤鲑。敦薨山里，最多的野兽是兕和旄牛，飞鸟则多是布谷鸟。

郭璞注："今旄牛背膝及胡尾皆有长毛。"《史记·孝武本纪》说："纵远方奇兽蜚禽及白雉诸物，颇以加祠。兕旄牛犀象之属弗用。皆至泰山然后去。"

状如牛，而四节生毛，出潘侯山。

又北一百里，曰北岳之山，多枳棘、刚木。

有兽焉，其状如牛，而四角、人目、彘耳，其名曰诸怀，其音如鸣雁，是食人。

诸怀之水出焉，而西流注于嚣水。其中多鮨鱼，鱼身而犬首，其音如婴儿，食之已狂。

——《山海经·山经·北次一经》

鮨（yì）

译释

从狱法山再向北二百里，是北岳山。北岳山上到处都是低矮的枳木和荆棘，以及木质坚硬的大树。山上有种野兽诸怀，外形长得像牛，但有四只角，人的眼睛，耳朵像猪，叫声就像鸿雁鸣叫，十分凶恶，会吃人。诸怀水就发源于此，然后向西流去，最后注入嚣水。诸怀水里有很多鮨鱼，这种鱼有普通鱼的身体，狗的脑袋，叫声就像婴儿的哭声，吃了它的肉可以治疗癫狂症。

状如牛，而四角人目彘耳，是食人，出北岳山。

狍鸮 / 钩吾山

又北三百五十里，曰钩吾之山，其上多玉，其下多铜。有兽焉，其状如羊身，人面，其目在腋下，虎齿人爪，其音如婴儿，名曰狍鸮，是食人。

——《山海经·山经·北次二经》

狍（páo）｜鸮（xiāo）

译 释

从敦头山再向北三百五十里，是钩吾山。山上盛产玉石头，山下则多出产铜。山里有一种野兽，身体像羊，却有张人脸，眼睛长在腋下，牙齿像老虎的利齿，爪子却像人手，这种野兽的叫声如婴儿的啼哭声，名叫狍鸮，能吃人。

狍鸮就是饕餮，性格贪婪，常被比喻为好吃之徒。传说黄帝大战蚩尤时，蚩尤被斩首，人头落地后化为饕餮。据《神异经·西荒经》中云："饕餮，兽名，身如牛，人面，目在腋下，食人。"与《山海经》中记载的狍鸮类似。也是中国上古神话传说中的四凶之一，其余三个分别是混沌、穷奇和梼杌。

羊身人面，目在腋下，虎齿人爪，是食人，出钩吾山。

又东北二百里，曰马成之山，其上多文石，其阴多金、玉。

有兽焉，其状如白犬而黑头，见人则飞，其名曰天马，其鸣自训。

有鸟焉，其状如乌，首白而身青、足黄，是名曰鶌鶋，其名自詨，

食之不饥，可以已寓。

——《山海经·山经·北次三经》

鶌（qū）｜鶋（jū）

译释

《北次三经》记载，龙侯山往东北二百里有座马成山，山上有许多有花纹的石头，山背阴的北边盛产金属和美玉。山中有一种野兽，外形长得像白色的狗，而头是黑色的，背上还长了肉翅，见人就会飞起来，名字叫天马，它的叫声就像在呼唤自己的名字。山里还有一种鸟，样子像乌鸦，白脑袋，青身子，黄爪子，它的名字叫做鶌鶋，它的叫声也像在呼唤自己的名字，吃了这种鸟的肉不但可以让人感觉不到饥饿，还可以治疗健忘症。

古代神话中，天马是一种祥兽，传说在天上名叫勾陈，在地上就叫天马，若出现就会丰收。

状如白犬而黑头，有肉翅能飞，出马成山。

飞
鼠
／
天
池
山

又东北二百里，曰天池之山，其上无草、木，多文石。

有兽焉，其状如兔而鼠首，以其背飞，其名曰飞鼠。

渑水出焉，潜于其下，其中多黄垩。

——《山海经·山经·北次三经》

垩（è）

译 释

　　《北次三经》记载：从咸山向东北再行经二百里，有座天池山。山上没有草木，遍布着很多带花纹的石头。山里有种野兽，形状长得像兔子，脑袋似老鼠，用它背上的长毛飞翔，这种野兽的名字叫做飞鼠。渑水即发源于此天池山，之后潜流到山下。渑水之中，盛产黄色垩土。

　　在《山海经》中会飞的类似于飞鼠的还有《北次一经》中的丹熏山的耳鼠，说它"其状如鼠，而菟首麋耳，其音如獛犬，以其尾飞，名曰耳鼠，食之不眯，又可以御百毒。"称它的头像兔子，身体像小鹿，叫声则像狗，用尾巴飞行。传说吃了它的肉，不但可以治胀气，还能百毒不侵呢。

状如兔而鼠首，以其背飞，出天池山。

又北三百里，曰泰戏之山，无草、木，多金、玉。

有兽焉，其状如羊，一角一目，目在耳后，其名曰䍶䍶，其鸣自讪。

虖沱之水出焉，而东流注于溇水。

液女之水出于其阳，南流注于沁水。

——《山海经·山经·北次三经》

䍶（dōng）｜虖（hū）

从空桑山向北三百里，就是泰戏山。泰戏山上寸草不生，却蕴藏许多矿产、美玉。山里有一种野兽，外形长得像羊，却只有一只眼睛和一只角，而且眼睛还是长在耳朵后面，叫声就像在呼唤自己的名字。虖沱河即发源于这泰戏山，之后向东流去注入溇水。液女水发源于泰戏山的南坡，然后向南流，最后注入沁水。

相传䍶䍶是独角独目、兆岁丰的吉祥之兽。但也有凶兆之说。胡文焕就说："此兽现时，主国内祸起，宫中大不祥也。"

状如羊，一角一目，目在耳后，出泰戏山。

獂／乾山

又北四百里，曰乾山，无草木，其阳有金玉，其阴有铁而无水。有兽焉，其状如牛而三足，其名曰獂，其鸣自詨。

——《山海经·山经·北次三经》

獂（huán）

《北次三经》中，从饶山再向北行经四百里，是乾山。乾山上寸草不生，此山向阳的南面有金属矿物和玉石，背阴的山北有铁矿，整座山里没有水流。乾山上有种野兽，外型像普通的牛，却只有三条腿，野兽的名字叫獂，它的叫声就像是在呼唤自己的名字。

牛形三足，出乾山。

从从 / 枸状山

又南三百里，曰枸状之山，其上多金、玉，其下多青碧石。

有兽焉，其状如犬，六足，其名曰从从，其鸣自诩。

有鸟焉，其状如鸡而鼠毛，其名曰蚩鼠，见则其邑大旱。

氾水出焉，而北流注于湖水。

其中多箴鱼，其状如儵，其喙如箴，食之无疫疾。

——《山海经·山经·东次一经》

枸（xún）｜诩（jiào）｜氾（zhǐ）｜儵（yóu）

| 译 释 |

《东次一经》里叙述，从藟山向南三百里，是枸状山。山上盛产金属矿物和玉石，山下多产青石和碧玉。枸状山里有一种野兽，样子长得像狗，六只爪子，名字叫做从从，它的叫声就像它的名字。枸状山里有一种鸟，长得像鸡，毛好像老鼠的毛，它的名字叫做蚩鼠。谁见到它出现，他的都邑就会发生大旱灾。氾水就发源于枸状山，而后向北流注入湖水。氾水多产箴鱼，样子像儵鱼，有着像针一样又尖又细的嘴巴，人若吃了这种鱼就不会得瘟疫。

状如犬而六足，出枸状山。

又南三百里，曰耿山，无草、木，多水碧，多大蛇。

有兽焉，其状如狐而鱼翼，其名曰朱獳，其鸣自訆，见则其国有恐。

——《山海经·山经·东次二经》

獳（rú）

|译 释|

从杜父山向南三百里，是耿山。山上没有什么草木，盛产碧色的水晶，山里有很多的大蛇。此外，此山中还有一种野兽，它的外形像狐狸，身体上却长着鱼鳍，人们叫它朱獳，它的叫声就像在呼唤自己的名字。这是一种凶兆之兽，凡是它出现的地方，那个地方的人就会发生令人恐怖的事情。

状如狐而鱼翼，见则其国有恐，出耿山。

獭獭
/
姑
逢
山

又南三百里，曰姑逢之山，无草木，多金玉。

有兽焉，其状如狐而有翼，其音如鸿雁，其名曰獭獭，见则天下大旱。

——《山海经·山经·东次二经》

獭（bì）｜缑（gōu）

│译 释│

从缑氏山向南三百里，就是姑逢山。姑逢山虽然草木不生，但盛产金属矿物和美玉。山里有一种怪兽，外型像狐狸，还长了一对翅膀，但不会飞行，怪兽的名叫獭獭，它的叫声有如鸿雁一般。獭獭所出现的地方就会有旱灾发生。

状如狐而有翼，见则天下大旱，出姑逢山。

蚣蛭 ／ 凫丽山

又南五百里，曰凫丽之山，其上多金玉，其下多箴石。有兽焉，其状如狐而九尾，九首、虎爪，名曰蚣蛭，其音如婴儿，是食人。

——《山海经·山经·东次二经》

蚣（lóng）| 蛭（zhi）

|译 释|

　　从姑逢山向南行经五百里，就是凫丽山。此山上有许多金属矿物和玉石，山下出产大量的箴石。山里有一种野兽，样子像狐狸，有九条尾巴，九个头。有老虎般锐利的爪子，叫声就像婴儿在啼哭，会吃人。

　　有说法认为蚣蛭亦作"蚣蚳"。《山海经·山经·中次二经》记载："又西二百里，曰昆吾之山，其上多赤铜。有兽焉，其状如彘而有角，其音如号，名曰蚣蚳，食之不眯。"清人郝懿行笺疏："蚳，疑当为蛭。"

　　吊诡的是，《山海经》中叫声如婴儿的怪兽，多为食人的凶猛恶兽，会以天真、撒娇的婴儿声诱骗人。

状如狐而九尾九首虎爪，出凫丽山。

巫咸国在女丑北，右手操青蛇，左手操赤蛇。

在登葆山，群巫所从上下也。

并封在巫咸东，其状如彘，前后皆有首，黑。

——《山海经·海经·海外西经》

鏖（áo）｜鳌（áo）

| 译 释 |

　　《海外西经》里描述，在女丑尸的北部有个巫咸国，这里的人左手握着一条红蛇，右手握着一条青蛇。国中有座登葆山，是巫师上下天庭的通道。在巫咸东边有一种怪兽叫并封，怪兽全身长满黑毛，模样长得像猪，但身体的前后各长了一个脑袋。

　　《大荒西经》里的鏖鳌钜山中也有两头兽，叫屏蓬，只不过它的两个头是左右并置。闻一多认为，无论是前后两头或左右两头，并封和屏蓬应该是指同一种动物。并、逢都有合并的意思，意指雌雄同体。

状如彘，前后皆有首，黑色，出巫咸国。

白民之国在龙鱼北，白身披发。

有乘黄，其状如狐，其背上有角，乘之寿二千岁。

————《山海经·海经·海外西经》

| 译 释 |

白民国在龙鱼北边，那里的人皮肤是白的，整日里披头散发。白民国境内有种野兽叫乘黄，外形长得像狐狸，不过背上却有两只角。乘黄是一种祥兽，人们要是骑了它就能活到两千岁。

乘黄，又称飞黄、訾黄、神黄、腾黄，郭璞注："《周书》曰：'白民乘黄，似狐，背上有两角。'即飞黄也。《淮南子》曰：'天下有道，飞黄伏皁。'"还有人说乘黄是一种神马，其身子像马，还长着龙的翅膀，背部长着两个角。传说黄帝就是在乘坐乘黄之后才飞升成仙的。

状如狐，其背上有角，乘之寿二千岁，出白民国。

旄马，其状如马，四节有毛，在巴蛇西北，高山南。

——《山海经·山经·海内南经》

| 译 释 |

　　旄马形状像普通的马，但四条腿的关节上都有长毛。旄马栖息在巴蛇所在地的西北面，一座高山的南麓。

　　旄马大概是西南高海拔地区的一种马，《水经注》称之为"巴、滇马"。云南马很有名，《水经注》中有天池神马的传说记载。

状如马，而足有四节，垂毛，出南海外。

林氏国有珍兽，大若虎，五彩毕具，尾长于身，名曰骓虞，乘之日行千里。

——《山海经·海经·海内北经》

骓（zōu）

译释

　　林氏国有一种珍奇的野兽，大小如同老虎，身上有五种颜色的斑纹，尾巴比身体还长，名叫骓虞，骑上它可以日行千里。

　　骓虞是古代中国神话传说中的仁兽祥瑞之兽，据说生性仁慈，连青草也不忍心践踏，不是自然死亡的生物不吃。《毛诗传》说："骓虞，义兽也，白虎黑文，不食生物，有至信之德则应之。"君王若是施行德政就会出现，因此被视为是仁德忠义的象征。中国历代文人多有诗文为之赞颂，如李白《梁甫吟》中就有"猰貐磨牙竞人肉，骓虞不折生草茎"诗句。

状如虎，而五彩毕具，尾长于身，乘之日行千里，出林氏国。

跐踢 ／ 流沙河

南海之外，赤水之西，流沙之东，有兽，左右有首，名曰跐踢。有三青兽相并，名曰双双。

——《山海经·海经·大荒南经》

跐（chù）

译 释

在南海之外，赤水的西边，流沙的东面，有一种怪兽身体的左右各长了一个脑袋，名叫跐踢。还有一种野兽是三只青色的野兽合体而成，有三个头，却只有一个身子，名叫双双。

跐踢和并封、屏蓬这类双头兽，都是雌雄合体的野兽，在远古的壁画、青铜器和玉器上常见。

兽形左右有首，出流沙河。

天犬／金门山

有巫山者。

有壑山者。

有金门之山，有人名曰黄姖之尸。

有比翼之鸟。

有白鸟，青翼、黄尾、玄喙。

有赤犬，名曰天犬，其所下者有兵。

——《山海经·海经·大荒西经》

译释

有座山叫巫山，有座山叫壑山，还有座山叫金门山，金门山上有个人叫黄姖尸。有比翼鸟。有白鸟，长着青色的翅膀，黄色的尾巴，以及黑色的嘴巴。山里还有一种红色的狗，名叫天犬，它的出现就意味有战乱发生。

在《山海经》里，天犬和天狗是两种不同的怪兽。

赤色，其所下者有兵，出金门山。

麟|鱼|篇

若逐桃花浪里去，风雷相送入天池

旋龟／怪水

又东三百七十里，曰杻阳之山，其阳多赤金，其阴多白金。有兽焉，其状如马而白首，其文如虎而赤尾，其音如谣，其名曰鹿蜀，佩之宜子孙。怪水出焉，而东流注于宪翼之水。其中多玄龟，其状如龟而鸟首虺尾，其名曰旋龟，其音如判木，佩之不聋，可以为底。

——《山海经·山经·南次一经》

又西七十二里，曰密山，其阳多玉，其阴多铁。豪水出焉，而南流注于洛。其中多旋龟，其状鸟首而鳖尾，其音如判木。无草、木。

——《山海经·山经·中次六经》

虺（huī）

译释

从即翼山再向东三百七十里，有座杻阳山。此山向阳的南坡盛产赤金，背阴的北面多出产白金。杻阳山上有一种野兽，样子像马，头是白色的，身上有虎斑纹，红色的尾巴，这种野兽的叫声像人哼唱小曲，它的名字叫做鹿蜀，佩带它的皮毛可以使子孙兴旺。怪水就发源于这座杻阳山，然后向东流去，最后注入宪翼水。怪水里有许多黑色的乌龟，这种龟的形状就像普通乌龟，却长着鸟的脑袋，尾巴和蛇一样，这种龟的名字叫做旋龟。它的叫声就像是劈木头，把它佩带在身上可以使人的耳朵不聋，它的龟甲还可以用来治疗足底的老茧。

传说大禹治水时，应龙在前面用尾巴划地，指引禹沿着它所划的地方开凿水道，旋龟的背上则驮着息壤，跟在禹的身后，以便禹能将一块块的息壤取来投向大地，息壤落到地面后迅速生长，很快地就把洪水给填平了。

《中次六经》里也提到旋龟，说这种动物多出现在密山旁的豪水中，叫声也像木头裂开的声音，但外形是鸟头、龟身、鳖尾。

状如龟而鸟首虺尾，出怪水。

又东三百里，曰青丘之山，其阳多玉，其阴多青䨼。

有兽焉，其状如狐而九尾，其音如婴儿，能食人，食者不蛊。

有鸟焉，其状如鸠，其音若呵，名曰灌灌，佩之不惑。

英水出焉，南流注于即翼之泽。其中多赤鱬，其状如鱼而人面，其音如鸳鸯，食之不疥。

——《山海经·山经·南次一经》

鱬（rú）｜灌（guàn）

译释

从基山再往东三百里就是青丘山。青丘山物产丰盛，向阳的南坡盛产玉石，而背阴的北坡则盛产青䨼。山里有种奇兽名唤九尾狐，它的外型像狐狸，有九条尾巴，叫声却像婴儿的哭声，会吃人。相传吃了它的肉，可以不受妖邪疠气的侵扰。山上还有一种鸟，样子像布谷鸟，叫声像人在相互斥骂，这种鸟的名字叫做灌灌，人若佩带着它的羽毛就不会迷惑。英水就发源于此，然后向南流最后注入即翼泽。英水之中，盛产赤鱬，它的样子像鱼，面部却像人脸，叫声如同鸳鸯，若吃了它的肉可以不生疥疮。

古图谱中，除了人面鱼身之外，赤鱬还有另一种形象是鱼的形状，但非人面。

状如鱼而人面，出英水。

又西七十里，曰英山，其上多杻、橿，其阴多铁，其阳多赤金。
禺水出焉，北流注于招水，其中多鮏鱼，其状如鳖，其音如羊。
其阳多箭䉋，其兽多㸲牛、羬羊。
有鸟焉，其状如鹑，黄身而赤喙，其名曰肥遗，食之已疠，可以
杀虫。

——《山海经·山经·西次一经》

鮏（bàng）｜橿（jiāng）｜䉋（mèi）

译释

　　从石脆山再向西七十里，有座英山。山上遍布杻树和橿树，山背阴的
北边盛产铁，向阳的南坡则多出产铜。禺水即发源于这座英山，然后向北流
去，最后注入了招水。禺水之中，多产鮏鱼，它样子像鳖，叫声似羊。英山
山南生长有很多箭竹和䉋竹，山里的野兽多是㸲牛和羬羊。山里还有一种鸟，
样子像鹌鹑，黄色的羽毛，红色的嘴巴，名叫肥遗，吃了它的肉可以治疗麻
风病，还可以杀死身体内的寄生虫。

　　明人黄一正编撰的《事物绀珠》说：鮏鱼，如龟，鱼尾，二足。是鮏
为鱼属，非龜属也。意思是鮏鱼长得像乌龟，却有鱼尾和两只脚。

其状如鳖，其音如羊，出隅水。

又西二百二十里，曰鸟鼠同穴之山，其上多白虎、白玉。

渭水出焉，而东流注于河。

其中多鳎鱼，其状如鳝鱼，动则其邑有大兵。

滥水出于其西，西流注于汉水。

多鳌䲦之鱼，其状如覆铫，鸟首而鱼翼、鱼尾，音如磬石之声，是生珠玉。

——《山海经·山经·西次四经》

鳌（rú）｜䲦（pí）｜铫（yáo）

译释

从邽山向西行二百二十里，有座鸟鼠同穴山。山上有很多有白虎、白玉。渭河就发源于此，之后向东流，最后注入黄河。渭河里盛产鳎鱼，它的样子像鳝鱼，它在哪里出现，那个地方就会发生大的战争。有一条滥水发源于鸟鼠同穴山的西坡，向西流注入汉水。水中有一种怪鱼叫鳌䲦鱼，它的身形非常特别，像是个倒扣的有柄小锅，有着鱼身鱼尾，却长了个鸟头。这种鱼的叫声像敲击磬石的声音，它的体内还能孕育出珍珠美玉。

其状如覆铫，鸟首而鱼翼鱼尾，音如磬石之声，是生珠玉，出滥水。

又北三百里，曰带山，其上多玉，其下多青碧。

有兽焉，其状如马，一角有错，其名曰臃疏，可以辟火。

有鸟焉，其状如乌，五采而赤文，名曰鹡鸰，是自为牝牡，食之
不疽。

彭水出焉，而西流注于芘湖之水，其中多儵鱼，其状如鸡而赤毛，
三尾、六足、四目，其音如鹊，食之可以已忧。

——《山海经·山经·北次一经》

儵（yóu）｜芘（pí）

|译 释|

从求如山再往北三百里，有座带山。山上盛产玉石，山下则盛产青石
和碧石。带山里有一种野兽，外形长得像马，长着一只像磨石的犄角，这种
野兽的名字叫做臃疏，把它饲养起来可以预防火灾。还有一种鸟，样子像乌
鸦，五彩的羽毛上有红色的斑纹，名叫鹡鸰，这种鸟雌雄同体，吃它的肉可
以治疗毒疮。彭水即发源于此山，而后往西流入了芘湖。彭水中有许多儵鱼，
长得像鸡，有着红色的羽毛，还有三条尾巴、六只脚和四只眼睛。叫声像喜
鹊，吃了它的肉可以忘却烦忧。

胡文焕说：儵鱼能辟除火灾。

状如鸡而赤毛，三尾六足四目，食之已忧，出彭水。

又北四百里，曰谯明之山。谯水出焉，西流注于河。
其中多何罗之鱼，一首而十身，其音如吠犬，食之已痈。
有兽焉，其状如貆而赤豪，其音如榴榴，名曰孟槐，可以御凶。
是山也，无草木，多青、雄黄。

——《山海经·山经·北次一经》

貆（huán）

译释

从带山再向北四百里，就是谯明山。谯水发源于这谯明山里，之后向西流去，最后注入黄河。谯水之中盛产何罗鱼，这种鱼有一个脑袋，十个身子，它的叫声就像狗叫一样，吃了它的肉可以治疗脓疮。谯明山中还有一种野兽，外形长得和豪猪一样，不过软毛却是红色的，它的叫声就像轱辘声，这种怪兽名叫孟槐，把它饲养起来可以防避凶邪之气。谯明山上没有任何草木，却遍布着石青和雄黄。

胡文焕的《山海经图》说：何罗鱼可以抵御火灾。在山海经里，一头十身的怪鱼除了何罗鱼外还有《东次四经》里提到的茈鱼，这种生长在东始山旁泚水里的鱼类，长得像鲫鱼，也是有一个头，十个身体，发出的气味像蘼芜草，好玩的是，吃了它的肉就不会放屁。

一首十身，食之已痛，出谯水。

鳡鱼
／
灌泽水

又北二百里，曰狱法之山，灌泽之水出焉，而东北流注于泰泽。其中多鳡鱼，其状如鲤而鸡足，食之已疣。

有兽焉，其状如犬而人面，善投，见人则笑，其名山狚，其行如风，见则天下大风。

——《山海经·山经·北次一经》

灌（huái）｜狚（huī）

| 译 释 |

从少咸山再往北二百里有座狱法山，灌泽水即发源于此山，然后往东北流入泰泽。灌泽水中有许多鳡鱼，身体像鲤鱼，却长了鸡的脚，吃了它的肉可以治赘疣。狱法山里还有一种怪兽，样子像狗，面部圆形，略似人脸，善于投掷，一见到人，它就发出长长的啸叫声报警，它的名字叫做山狚，行走如风。它一出现，天下就会刮大风。

状如鲤而鸡足，出滚泽之水。

珠
鳖
鱼
／
澧
水

又南三百八十里，曰葛山之首，无草木。

澧水出焉，东流注于余泽，其中多珠鳖鱼，其状如肺而四目，六足有珠，其味酸甘，食之无疠。

——《山海经·山经·东次二经》

| 译 释 |

从葛山之尾向南三百八十里，是葛山的起点。葛山没有花草树木，澧水发源于此，之后向东流去，注入余泽。澧水中有一类鱼叫珠鳖鱼，这种鱼的外型像动物的一片肺叶，但是长有六只脚和四只眼睛，还能孕育珍珠，它的肉酸中带甜，吃了可以防治疠气。

《吕氏春秋》载："澧水之鱼，名曰朱鳖，六足有珠，鱼之美也"；《南越志》载："海中多珠鳖，状如肺，有四眼六足而吐珠"。应是同一种动物。

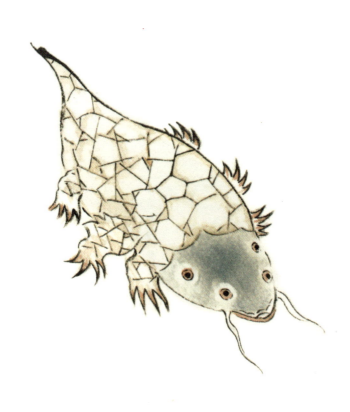

状如肺，六足四目有珠，出澧水。

薄鱼 / 膏水

又东南三百里，曰女烝之山，其上无草木。

膏水出焉，而西注于鬲水。其中多薄鱼，其状如鳣鱼而一目，其音如欧，见则天下大旱。

——《山海经·山经·东次四经》

鬲（gé）

译 释

从东始山往东南三百里，有座女烝山，山上没有花草树木。膏水即发源于此山，而后向西流入鬲水。鬲水中有许多薄鱼，这种鱼的外型像鳣鱼，但只有一只眼睛，叫声像是人呕吐的声音，一旦出现天下就会大旱。

除了会引起旱灾之外，还会引发大水和谋反。清代的吴任臣在《山海经广注》中提到，薄鱼出现会引起大水灾；而唐代的《初学记》中则说：薄鱼出现的话，会发生大规模的叛逆事件。总之，薄鱼是一种象征凶兆的动物。

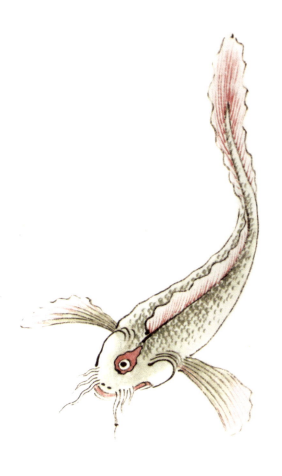

状如鳝鱼而一目，见则大旱，出膏水。

鳛鱼 / 子桐水

东南二百里，曰子桐之山，子桐之水出焉，而西流注于余如之泽。其中多鳛鱼，其状如鱼而鸟翼，出入有光，其音如鸳鸯，见则天下大旱。

——《山海经·山经·东次四经》

又西三百七十里，曰乐游之山。

桃水出焉，西流注于稷泽，是多白玉。其中多鳛鱼，其状如蛇而四足，是食鱼。

——《山海经·山经·西次三经》

鳛（huá）

| 译 释 |

《东次四经》记载，从钦山再向东南行经二百里，就是子桐山。从山中奔涌而出的河流就是子桐水，之后向西流入余如泽。子桐水里有许多鳛鱼，这种鱼的外型与普通鱼无异，却长着一对鸟的翅膀，出入水中身体会发光，叫声像鸳鸯的鸣叫声，若是出现就会引起大旱。

郭璞的《图赞》说：鳛鱼会飞，飞行时还会发出光芒。《山海经》还有个地方提到鳛鱼，除了《东次四经》外，另有《西次三经》有记载：桃水中有鳛鱼，外型像蛇，有四只脚，会吃鱼。

状如鱼而鸟翼，见则大旱，出于桐水。

鸣蛇／鲜水

又西三百里，曰鲜山，多金、玉，无草、木。

鲜水出焉，而北流注于伊水。

其中多鸣蛇，其状如蛇而四翼，其音如磬，见则其邑大旱。

——《山海经·山经·中次二经》

译释

　　《中次二经》记述，从豪山再向西三百里，是鲜山，鲜山蕴藏着丰富的金属和玉石，山上寸草不生。鲜水即发源于此鲜山，而后往北注入伊水。水中有许多鸣蛇，这种蛇的外形与普通的蛇一样，却有两对翅膀，发出的叫声很响亮，就像是在敲磬。鸣蛇出现在哪里，那里就会发生旱灾。

如蛇而四翼，其音如磬，见则大旱，出鲜水。

化蛇／阳水

又西三百里，曰阳山，多石，无草、木。

阳水出焉，而北流注于伊水。

其中多化蛇，其状如人面而豺身，鸟翼而蛇行，其音如叱呼，见则其邑大水。

——《山海经·山经·中次二经》

| 译 释 |

　　从鲜山向西三百里，就是阳山。山里到处都是石头，没有任何草木生长。阳水发源于这座山，而后向北流最后注入伊河。阳水中有一种化蛇，身体像豺狼，却有人的面孔、鸟的双翼，它不会飞，只能像蛇一样蜿蜒爬行。叫声就像人在喝斥的声音，凡是它出现的地方相传会有大水。

　　古图谱中，化蛇有两种形象：除了人面、豺身、蛇尾、鸟翼、四足外，另有人面、蛇身、鸟翼、无足的形象。

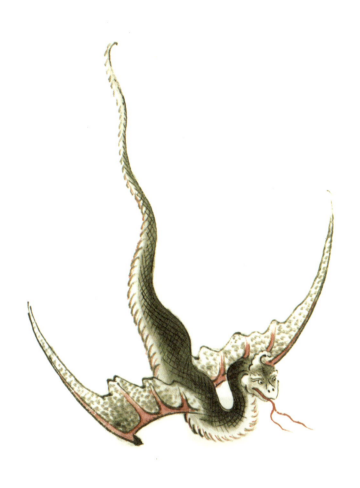

｜人面豺身，鸟翼蛇行，见则大水，出阳水。｜

肥
蜟
／
太
华
山

又西六十里，曰太华之山，削成而四方，其高五千仞，其广十里，鸟兽莫居。

有蛇焉，名曰肥蜟，六足四翼，见则天下大旱。

——《山海经·山经·西次一经》

又北百八十里，曰浑夕之山，无草木，多铜玉。

嚣水出焉，而西北流注于海。

有蛇一首两身，名曰肥蜟，见则其国大旱。

——《山海经·山经·北次一经》

蜟（wèi）

|译 释|

《西次一经》说，从松果山向西六十里，就是太华山。此山山峰耸立，如刀削斧劈，呈四方形，山高五千仞，长宽十里，连飞鸟和野兽都无法在这里栖身。太华山里有一种大蛇，名叫肥遗，有六只脚，四个翅膀。一旦它出现，天下就会有大旱将至。

肥遗是古代中国神话传说中的旱魃之兆。值得注意的是，在《山海经》中，肥遗共有三种，两蛇一鸟。除了太华山的六足四翼怪蛇外，还有一种居住在浑夕山山麓的怪蛇，这种怪蛇有一个头、两个身体，出现的地方也会有大旱。第三种被称为肥遗的是一种黄色的鹌鹑大小的鸟，喙是红色的，它不仅可以杀虫，食用它的肉后，还可以治疗瘟疫之类的传染性疾病。

肥遗

蛇形六足四翼，见大旱，出太华山。

列姑射在海河洲中。

姑射国在海中，属列姑射。西南，山环之。

大蟹在海中。

陵鱼人面，手足，鱼身，在海中。

——《山海经·海经·海内北经》

射（yè）

| 译 释 |

　　列姑射国在黄河入海口以东大海中的几个岛上，姑射国在大海中的岛上，附属于列姑射国。姑射国的西南部有群山环绕着它。海里有大螃蟹，还有一种怪鱼叫陵鱼。身体是鱼，却有着人的脸孔，还有手和脚。

　　陵鱼就是人鱼，栖息在海中。明代邓元锡的《物性志》说：陵鱼一出现就会掀起波涛。《列子》中说：列姑射山在海河洲中，山上有神仙，餐风饮露，不食五谷，心如渊泉，形如处女。郭璞则认为，列姑射山就是庄子《逍遥游》中所说的藐姑射山。

｜人面手足鱼身，在海中。｜

山|海|经

原文

扫一扫，
🎵收听有声版

　　南山经之首，曰䧿山。其首曰招摇之山，临于西海之上，多桂、多金玉。有草焉，其状如韭而青华，其名曰祝馀，食之不饥。有木焉，其状如榖而黑理，其华四照。其名曰迷榖，佩之不迷。有兽焉，其状如禺而白耳，伏行人走，其名曰狌狌，食之善走。丽䴚之水出焉，而西流注于海，其中多育沛，佩之无瘕疾。

　　又东三百里，曰堂庭之山。多棪木，多白猿，多水玉，多黄金。

　　又东三百八十里，曰猨翼之山。其中多怪兽，水多怪鱼。多白玉，多蝮虫，多怪蛇，多怪木，不可以上。

　　又东三百七十里，曰杻阳之山。其阳多赤金。其阴多白金。有兽焉，其状如马而白首，其文如虎而赤尾，其音如谣，其名曰鹿蜀，佩之宜子孙。怪水出焉，而东流注于宪翼之水。其中多玄龟，其状如龟而鸟首虺尾，其名曰旋龟，其音如判木，佩之不聋，可以为底。

　　又东三百里，曰柢山。多水，无草木。有鱼焉，其状如牛，陵居，蛇尾有翼，其羽在鮭下，其音如留牛，其名曰鲮，冬死而夏生。食之无肿疾。

　　又东四百里，曰亶爰之山。多水，无草、木，不可以上。有兽焉，其状如狸而有髦，其名曰类，自为牝牡，食者不妒。

　　又东三百曰，基山。其阳多玉，其阴多怪木。有兽焉，其状如羊，九尾四耳，其目在背，其名曰猼訑，佩之不畏。有鸟焉，其状如鸡而三首六目、六足三翼，其名曰鶘鷐，食之无卧。

又东三百里，曰青丘之山。其阳多玉，其阴多青䨼。有兽焉，其状如狐而九尾，其音如婴儿，能食人，食者不蛊。有鸟焉，其状如鸠，其音若呵，名曰灌灌，佩之不惑。英水出焉，南流注于即翼之泽。其中多赤鱬，其状如鱼而人面，其音如鸳鸯，食之不疥。

又东三百五十里，曰箕尾之山，其尾踆于东海，多沙石。汸水出焉，而南流注于淯，其中多白玉。

凡誰山之首，自招摇之山以至箕尾之山，凡十山，二千九百五十里，其神状皆鸟身而龙首。其祠之礼：毛，用一璋玉瘗；糈用稌米，一璧，稻米、白菅为席。

扫一扫，
♫ 收听有声版

南次二经之首，曰柜山，西临流黄，北望诸𣲗，东望长右。英水出焉，西南流注于赤水。其中多白玉，多丹粟。有兽焉，其状如豚，有距，其音如狗吠，其名曰狸力，见则其县多土功。有鸟焉，其状如鸱而人手，其音如痺，其名曰鴸，其名自号也，见则其县多放士。

东南四百五十里，曰长右之山。无草木，多水。有兽焉，其状如禺而四耳，其名长右，其音如吟，见则郡县大水。

又东三百四十里，曰尧光之山。其阳多玉，其阴多金。有兽焉，其状如人而彘鬣，穴居而冬蛰，其名曰猾褢，其音如斫木，见则县有大繇。

又东三百五十里，曰羽山。其下多水，其上多雨，无草木，多蝮虫。

又东三百七十里，曰瞿父之山。无草木，多金玉。

又东四百里，曰句余之山。无草木，多金玉。

又东五百里，曰浮玉之山。北望具区，东望诸㱟。有兽焉，其状如虎而牛尾，其音如吠犬，其名曰彘，是食人。苕水出于其阴，北流注于具区，其中多鮆鱼。

又东五百里，曰成山。四方而三坛，其上多金玉，其下多青雘，閟水出焉，而南流注于虖勺，其中多黄金。

又东五百里，曰会稽之山，四方。其上多金玉，其下多砆石。勺水出焉，而南流注于湨。

又东五百里，曰夷山。无草木，多沙石，湨水出焉，而南流注于列涂。

又东五百里，曰仆勾之山，其上多金玉，其下多草木。无鸟兽，无水。

又东五百里，曰咸阴之山，无草木，无水。

又东四百里，曰洵山。其阳多金，其阴多玉。有兽焉，其状如羊而无口，不可杀也，其名曰𤟤。洵水出焉，而南流注于阏之泽，其中多芘蠃。

又东四百里，曰虖勺之山。其上多梓枏，其下多荆杞。滂水出焉，而东流注于海。

又东五百里，曰区吴之山。无草木，多沙石，鹿水出焉，而南流注于滂水。

又东五百里，曰鹿吴之山。上无草木，多金石。泽更之水出焉，而南流注于滂水。水有兽焉，名曰蛊雕，其状如雕而有角，其音如婴儿之音，是食人。

东五百里，曰漆吴之山。无草木，多博石，无玉。处于东海，望丘山，其光载出载入，是惟日次。

凡南次二经之首，自柜山至于漆吴之山，凡十七山，七千二百里。其神状皆龙身而鸟首。其祠：毛，用一璧瘗，糈用稌。

扫一扫，

♫ 收听有声版

南次三经之首，曰天虞之山。其下多水，不可以上。

东五百里，曰祷过之山，其上多金、玉，其下多犀、兕，多象。有鸟焉，其状如䴔，而白首、三足、人面，其名曰瞿如，其鸣自号也。浪水出焉，而南流注于海。其中有虎蛟，其状鱼身而蛇尾，其音如鸳鸯，食者不肿，可以已痔。

又东五百里，曰丹穴之山。其上多金玉。丹水出焉，而南流注于渤海。有鸟焉，其状如鸡，五采而文，名曰凤皇，首文曰德，翼文曰义，背文曰礼，膺文曰仁，腹文曰信。是鸟也，饮食自然，自歌自舞，见则天下安宁。

又东五百里，曰发爽之山。无草木，多水，多白猿。汎水出焉，而南流注于渤海。

又东四百里，至于旄山之尾，其南有谷，曰育遗，多怪鸟，凯风自是出。

又东四百里，至于非山之首。其上多金玉，无水，其下多蝮虫。

又东五百里，曰阳夹之山。无草木，多水。

又东五百里，曰灌湘之山。上多木，无草，多怪鸟，无兽。

又东五百里，曰鸡山。其上多金，其下多丹膜。黑水出焉，而南流注于海。其中有鳝鱼，其状如鲋而彘毛，其音如豚，见则天下大旱。

又东四百里，曰令丘之山。无草木，多火。其南有谷焉，曰中谷，条风自是出。有鸟焉，其状如枭，人面四目而有耳，其名曰颙，其鸣自号也，见则天下大旱。

又东三百七十里，曰仑者之山。其上多金玉，其下多青膜。有木焉，其状如榖而赤理，其汁如漆，其味如饴，食者不饥，可以释劳，其名曰白䓘，可以血玉。

又东五百八十里，曰禺稾之山。多怪兽，多大蛇。

又东五百八十里，曰南禺之山。其上多金玉，其下多水。有穴焉，水出辄入，夏乃出，冬则闭。佐水出焉，而东南流注于海，有凤皇、鹓雏。

凡南次三经之首，自天虞之山以至南禺之山，凡一十四山，六千五百三十里。其神皆龙身而人面。其祠皆一白狗祈，糈用稌。

右南经之山志，大小凡四十山，万六千三百八十里。

扫一扫，
收听有声版♫

　　西山经华山之首，曰钱来之山，其上多松，其下多洗石。有兽焉，其状如羊而马尾，名曰羬羊，其脂可以已腊。

　　西四十五里，曰松果之山。濩水出焉，北流注于渭，其中多铜。有鸟焉，其名曰螭渠，其状如山鸡，黑身赤足，可以已㿜。

　　又西六十里，曰太华之山，削成而四方，其高五千仞，其广十里，鸟兽莫居。有蛇焉，名曰肥䖾，六足四翼，见则天下大旱。

　　又西八十里，曰小华之山，其木多荆杞，其兽多㸲牛，其阴多磐石，其阳多㻬琈之玉。鸟多赤鷩，可以御火。其草有萆荔，状如乌韭，而生于石上，亦缘木而生，食之已心痛。

　　又西八十里，曰符禺之山，其阳多铜，其阴多铁。其上有木焉，名曰文茎，其实如枣，可以已聋。其草多条，其状如葵，而赤华黄实，如婴儿舌，食之使人不惑。符禺之水出焉，而北流注于渭。其兽多葱聋，其状如羊而赤鬣。其鸟多鴖，其状如翠而赤喙，可以御火。

　　又西六十里，曰石脆之山，其木多棕枏，其草多条，其状如韭，而白华黑实，食之已疥。其阳多㻬琈之玉，其阴多铜。灌水出焉，而北流注于禹水。其中有流赭，以涂牛马无病。

又西七十里，曰英山，其上多杻橿，其阴多铁，其阳多赤金。禺水出焉，北流注于招水，其中多鮮鱼，其状如鳖，其音如羊。其阳多箭䉋，其兽多㸲牛、羬羊。有鸟焉，其状如鹑，黄身而赤喙，其名曰肥遗，食之已疠，可以杀虫。

又西五十二里，曰竹山，其上多乔木，其阴多铁。有草焉，其名曰黄䕅，其状如樗，其叶如麻，白华而赤实，其状如赭，浴之已疥，又可以已胕。竹水出焉，北流注于渭，其阳多竹箭，多苍玉。丹水出焉，东南流注于洛水，其中多水玉，多人鱼。有兽焉，其状如豚而白毛，毛大如笄而黑端，名曰豪彘。

又西百二十里，曰浮山，多盼木，枳叶而无伤，木虫居之。有草焉，名曰薰草，麻叶而方茎，赤华而黑实，臭如蘼芜，佩之可以已疠。

又西七十里，曰羭次之山，漆水出焉，北流注于渭。其上多棫橿，其下多竹箭，其阴多赤铜，其阳多婴垣之玉。有兽焉，其状如禺而长臂，善投，其名曰嚣。有鸟焉，其状如枭，人面而一足，曰橐𪇱，冬见夏蛰，服之不畏雷。

又西百五十里，曰时山，无草木。逐水出焉，北流注于渭，其中多水玉。

又西百七十里，曰南山，上多丹粟。丹水出焉，北流注于渭。兽多猛豹，鸟多尸鸠。

又西百八十里，曰大时之山，上多穀柞，下多杻橿，阴多银，阳多白玉。涔水出焉，北流注于渭。清水出焉，南流注于汉水。

又西三百二十里，曰嶓冢之山，汉水出焉，而东南流注于沔；嚣水出焉，北流注于汤水。其上多桃枝、钩端，兽多犀兕、熊罴，鸟多白翰、赤鷩。有草焉，其叶如蕙，其本如桔梗，黑华而不实，名曰蓇蓉。食之使人无子。

又西三百五十里，曰天帝之山，上多棕、枏；下多菅、蕙。有兽焉，其状如狗，名曰谿边，席其皮者不蛊。有鸟焉，其状如鹑，黑文而赤翁，名曰栎，食之已痔。有草焉，其状如葵，其臭如蘼芜，名曰杜衡，可以走马，食之已瘿。

西南三百八十里，曰皋涂之山，蔷水出焉，西流注于诸资之水；涂水出焉，南流注于集获之水。其阳多丹粟，其阴多银、黄金，其上多桂木。有白石焉，其名曰礜，可以毒鼠。有草焉，其状如藁茇，其叶如葵而赤背，名曰无条，可以毒鼠。有兽焉，其状如鹿而白尾，马足人手而四角，名曰玃如。有鸟焉，其状如鸱而人足，名曰数斯，食之已瘿。

又西百八十里，曰黄山，无草木，多竹、箭。盼水出焉，西流注于赤水，其中多玉。有兽焉，其状如牛，而苍黑大目，其名曰㸲。有鸟焉，其状如鸮，青羽赤喙，人舌能言，名曰鹦䳇。

又西二百里，曰翠山，其上多棕枏，其下多竹箭，其阳多黄金、玉，其阴多旄牛、麢、麝，其鸟多鸓，其状如鹊，赤黑而两首四足，可以御火。

又西二百五十里，曰騩山，是錞于西海，无草木，多玉。凄水出焉，西流注于海，其中多采石、黄金，多丹粟。

凡西经之首，自钱来之山至于䅐山，凡十九山，二千九百五十七里。华山冢也，其祠之礼：太牢。羭山神也，祠之用烛，斋百日以百牺，瘗用百瑜，汤其酒百樽，婴以百珪百璧。其余十七山之属，皆毛牷用一羊祠之。烛者，百草之未灰，白席采等纯之。

扫一扫，
♫ 收听有声版

西次二经之首，曰钤山，其上多铜，其下多玉，其木多杻、檀。

西二百里，曰泰冒之山，其阳多金，其阴多铁。浴水出焉，东流注于河，其中多藻玉，多白蛇。

又西一百七十里，曰数历之山，其上多黄金，其下多银，其木多杻、橿，其鸟多鹦鹉。楚水出焉，而南流注于渭，其中多白珠。

又西百五十里高山，其上多银，其下多青碧、雄黄，其木多棕，其草多竹。泾水出焉，而东流注于渭，其中多磬石、青碧。

西南三百里，曰女床之山，其阳多赤铜，其阴多石涅，其兽多虎、豹、犀、兕。有鸟焉，其状如翟而五采文，名曰鸾鸟，见则天下安宁。

又西二百里，曰龙首之山，其阳多黄金，其阴多铁。苕水出焉，东南流注于泾水，其中多美玉。

又西二百里，曰鹿台之山，其上多白玉，其下多银，其兽多㸲牛、羬羊、白豪。有鸟焉，其状如雄鸡而人面，名曰凫徯，其鸣自训也，见则有兵。

西南二百里，曰鸟危之山，其阳多磐石，其阴多檀楮，其中多女床。鸟危之水出焉，西流注于赤水，其中多丹粟。

又西四百里，曰小次之山，其上多白玉，其下多赤铜。有兽焉，其状如猿，而白首赤足，名曰朱厌，见则大兵。

又西三百里，曰大次之山，其阳多垩，其阴多碧，其兽多㸲牛、麢羊。

又西四百里，曰薰吴之山，无草木，多金、玉。

又西四百里，曰厎阳之山，其木多稷、枏、豫章，其兽多犀、兕、虎、犳、㸲牛。

又西二百五十里，曰众兽之山，其上多㻬琈之玉，其下多檀、楮，多黄金，其兽多犀、兕。

又西五百里，曰皇人之山，其上多金、玉，其下多青雄黄。皇水出焉，西流注于赤水，其中多丹粟。

又西三百里，曰中皇之山，其上多黄金，其下多蕙、棠。

又西三百五十里，曰西皇之山，其阳多黄金，其阴多铁，其兽多麋、鹿、㸲牛。

又西三百里五十里，曰莱山，其木多檀、楮，其鸟多罗罗，是食人。

凡西次二经之首，自钤山至于莱山，凡十七山，四千一百四十里。其十神者，皆人面而马身。其七神皆人面牛身，四足而一臂，操杖以行，是为飞兽之神。其祠之，毛用少牢，白菅为席。其十辈神者，其祠之，毛一雄鸡，钤而不糈，毛采。

扫一扫，
♫ 收听有声版

西次三经之首，曰崇吾之山，在河之南，北望冢遂，南望䍃之泽，西望帝之搏兽之丘，东望螭渊。有木焉，员叶而白柎，赤华而黑理，其实如枳，食之宜子孙。有兽焉，其状如禺而文臂，豹虎而善投，名曰举父。有鸟焉，其状如凫，而一翼一目，相得乃飞，名曰蛮蛮，见则天下大水。

西北三百里，曰长沙之山。泚水出焉，北流注于泑水，无草木，多青雄黄。

又西北三百七十里，曰不周之山。北望诸㲺之山，临彼岳崇之山，东望泑泽，河水所潜也，其原浑浑泡泡。爰有嘉果，其实如桃，其叶如枣，黄华而赤柎，食之不劳。

又西北四百二十里，曰峚山，其上多丹木，员叶而赤茎，黄华而赤实，其味如饴，食之不饥。丹水出焉，西流注于稷泽，其中多白玉。是有玉膏，其原沸沸汤汤，黄帝是食是飨。是生玄玉。玉膏所出，以灌丹木，丹木五岁，五色乃清，五味乃馨。黄帝乃取峚山之玉荣，而投之钟山之阳。瑾瑜之玉为良，坚粟精密，浊泽有而光。五色发作，以和柔刚。天地鬼神，是食是飨；君子服之，以御不祥。自峚山至于钟山，四百六十里，其间尽泽也。是多奇鸟、怪兽、奇鱼，皆异物焉。

又西北四百二十里，曰钟山。其子曰鼓，其状如人面而龙身，是与钦䲹杀葆江于昆仑之阳，帝乃戮之钟山之东曰崟崖。钦䲹化为大鹗，其状如雕而黑文白首，赤喙而虎爪，其音如晨鹄，见则有大兵；鼓亦化为鵕鸟，其状如鸱，赤足而直喙，黄文而白首，其音如鹄，见即其邑大旱。

又西百八十里，曰泰器之山。观水出焉，西流注于流沙。是多文鳐鱼，状如鲤鱼，鱼身而鸟翼，苍文而白首赤喙，常行西海，游于东海，以夜飞。其音如鸾鸡，其味酸甘，食之已狂，见则天下大穰。

又西三百二十里，曰槐江之山。丘时之水出焉，而北流注于泑水。其中多蠃母，其上多青雄黄，多藏琅玕、黄金、玉，其阳多丹粟，其阴多采黄金、银。实惟帝之平圃，神英招司之，其状马身而人面，虎文而鸟翼，徇于四海，其音如榴。南望昆仑，其光熊熊，其气魂魂。西望大泽，后稷所潜也。其中多玉，其阴多榣木之有若。北望诸毗，槐鬼离仑居之，鹰鹯之所宅也。东望恒山四成，有穷鬼居之，各在一搏。爰有瑶水，其清洛洛。有天神焉，其状如牛，而八足二首马尾，其音如勃皇，见则其邑有兵。

西南四百里，曰昆仑之丘，是实惟帝之下都，神陆吾司之。其神状虎身而九尾，人面而虎爪，是神也。司天之九部及帝之圃时。有兽焉，其状如羊而四角，名曰土蝼，是食人。有鸟焉，其状如蜂，

大如鸳鸯，名曰钦原，蠚鸟兽则死，蠚木则枯。有鸟焉，其名曰鹦鸟，是司帝之百服。有木焉，其状如棠，黄华赤实，其味如李而无核，名曰沙棠，可以御水，食之使人不溺。有草焉，名曰薲草，其状如葵，其味如葱，食之已劳。河水出焉，而南流注于无达。赤水出焉，而东南流注于氾天之水。洋水出焉，而西南流注于丑涂之水。黑水出焉，而西流注于大杅。是多怪鸟兽。

又西三百七十里，曰乐游之山。桃水出焉，西流注于稷泽，是多白玉，其中多鲭鱼，其状如蛇而四足，是食鱼。

西水行四百里，曰流沙，二百里至于嬴母之山，神长乘司之，是天之九德也。其神状如人而豹尾。其上多玉，其下多青石而无水。

又西北三百五十里，曰玉山，是西王母所居也。西王母其状如人，豹尾虎齿而善啸，蓬发戴胜，是司天之厉及五残。有兽焉，其状如犬而豹文，其角如牛，其名曰狡，其音如吠犬，见则其国大穰。有鸟焉，其状如翟而赤，名曰胜遇，是食鱼，其音如录，见则其国大水。

又西四百八十里，曰轩辕之丘，无草、木。洵水出焉，南流注于黑水，其中多丹粟，多青雄黄。

又西三百里，曰积石之山，其下有石门，河水冒以西流，是山也，万物无不有焉。

又西二百里，曰长留之山，其神白帝少昊居之。其兽皆文尾，其鸟皆文首。是多文玉石。实惟员神磈氏之宫。是神也，主司反景。

又西二百八十里，曰章莪之山，无草、木，多瑶、碧。所为甚怪。有兽焉，其状如赤豹，五尾一角，其音如击石，其名曰猙。有鸟焉，其状如鹤，一足，赤文青质而白喙，名曰毕方，其鸣自讥也，见则其邑有讹火。

又西三百里，曰阴山。浊浴之水出焉，而南流注于蕃泽，其中多文贝。有兽焉，其状如狸而白首，名曰天狗，其音如榴榴，可以御凶。

又西二百里，曰符惕之山，其上多棕枏，下多金玉。神江疑居之。是山也，多怪雨，风云之所出也。

又西二百二十里，曰三危之山，三青鸟居之。是山也，广员百里。其上有兽焉，其状如牛，白身四角，其豪如披蓑，其名曰徼狟，是食人。有鸟焉，一首而三身，其状如鸦，其名曰鸱。

又西一百九十里，曰騩山，其上多玉而无石。神耆童居之，其音常如钟磬。其下多积蛇。

又西三百五十里，曰天山，多金玉，有青雄黄。英水出焉，而西南流注于汤谷。有神焉，其状如黄囊，赤如丹火，六足四翼，浑敦无面目，是识歌舞，实惟帝江也。

又西二百九十里，曰泑山，神蓐收居之。其上多婴短之玉，其阳多瑾瑜之玉，其阴多青雄黄。是山也，西望日之所入，其气员，神红光之所司也。

西水行百里，至于翼望之山，无草木，多金玉。有兽焉，其状如狸，一目而三尾，名曰讙，其音如夺百声，是可以御凶，服之已瘅。

有鸟焉，其状如乌，三首六尾而善笑，名曰鸱鸺，服之使人不厌，又可以御凶。

凡西次三经之首，崇吾之山至于翼望之山，凡二十三山，六千七百四十四里。其神状皆羊身人面。其祠之礼，用一吉玉瘗，糈用稷米。

西次四经之首，曰阴山，上多榖，无石，其草多茆、蕃。阴水出焉，西流注于洛。

北五十里，曰劳山，多茈草。弱水出焉，而西流注于洛。

西五十里，曰罢父之山，洱水出焉，而西流注于洛，其中多茈、碧。

北百七十里，曰申山，其上多榖柞，其下多杻橿，其阳多金、玉。区水出焉，而东流注于河。

北二百里，曰鸟山，其上多桑，其下多楮，其阴多铁，其阳多玉。辱水出焉，而东流注于河。

又北百二十里，曰上申之山，上无草木，而多硌石，下多榛楛，兽多白鹿。其鸟多当扈，其状如雉，以其髯飞，食之不眴目。汤水出焉，东流注于河。

又北百八十里，曰诸次之山，诸次之水出焉，而东流注于河。是山也，多木无草，鸟兽莫居，是多众蛇。

又北百八十里，曰号山，其木多漆、棕，其草多药、蘪、芎劳。多汵石。端水出焉，而东流注于河。

又北二百二十里，曰盂山，其阴多铁，其阳多铜，其兽多白狼、白虎，其鸟多白雉、白翟。生水出焉，而东流注于河。

西二百五十里，曰白於之山，上多松、柏，下多栎、檀，其兽多㸡牛、羬羊，其鸟多鸮。洛水出于其阳，而东流注于渭；夹水出于其阴，东流注于生水。

西北三百里，曰申首之山，无草木，冬夏有雪。申水出于其上。潜于其下，是多白玉。

又西五十五里，曰泾谷之山。泾水出焉，东南流注于渭，是多白金、白玉。

又西百二十里，曰刚山，多柒木，多㻬琈之玉。刚水出焉，北流注于渭。是多神㶡，其状人面兽身，一足一手，其音如钦。

又西二百里，至刚山之尾。洛水出焉，而北流注于河。其中多蛮蛮，其状鼠身而鳖首，其音如吠犬。

又西三百五十里，曰英鞮之山，上多漆木，下多金玉，鸟兽尽白。涴水出焉，而北注于陵羊之泽。是多冉遗之鱼，鱼身蛇首六足，其目如马耳，食之使人不眯，可以御凶。

又西三百里，曰中曲之山，其阳多玉，其阴多雄黄、白玉及金。有兽焉，其状如马，而白身黑尾，一角，虎牙爪，音如鼓音，其名曰駮，是食虎豹，可以御兵。有木焉，其状如棠，而员叶赤实，实大如木瓜，名曰櫰木，食之多力。

又西二百六十里，曰邽山。其上有兽焉，其状如牛，蝟毛，名

曰穷奇，音如獆狗，是食人。濛水出焉，南流注于洋水，其中多黄贝；蠃鱼，鱼身而鸟翼，音如鸳鸯，见则其邑大水。

又西二百二十里，曰鸟鼠同穴之山，其上多白虎、白玉。渭水出焉，而东流注于河。其中多鳋鱼，其状如鳢鱼，动则其邑有大兵。滥水出其西，西流注于汉水，多𩽾鮔之鱼，其状如覆铫，鸟首而鱼翼鱼尾，音如磬石之声，是生珠玉。

西南三百六十里，曰崦嵫之山，其上多丹木，其叶如榖，其实大如瓜，赤符而黑理，食之已瘅，可以御火。其阳多龟，其阴多玉。苕水出焉，而西流注于海，其中多砥砺。有兽焉，其状马身而鸟翼，人面蛇尾，是好举人，名曰孰湖。有鸟焉，其状如鸮而人面，蜼身犬尾，其名自号也，见则其邑大旱。

凡西次四经自阴山以下，至于崦嵫之山，凡十九山，三千六百八十里。其祠礼，皆用一白鸡祈，糈以稻米，白菅为席。

右西经之山，凡七十七山，一万七千五百一十七里。

北山经之首，曰单狐之山，多机木，其上多华草。滫水出焉，而西流注于泑水，其中多茈石、文石。

又北二百五十里，曰求如之山，其上多铜，其下多玉，无草木。滑水出焉，而西流注于诸毗之水。其中多滑鱼。其状如鳝，赤背，其音如梧，食之已疣。其中多水马，其状如马，文臂牛尾，其音如呼。

又北三百里，曰带山，其上多玉，其下多青碧。有兽焉，其状如马，一角有错，其名曰臛疏，可以辟火。有鸟焉，其状如乌，五采而赤文，名曰鵸鵌，是自为牝牡，食之不疽。彭水出焉，而西流注于芘湖之水，其中多鯈鱼，其状如鸡而赤毛，三尾、六足、四目，其音如鹊，食之可以已忧。

又北四百里，曰谯明之山。谯水出焉，西流注于河。其中多何罗之鱼，一首而十身，其音如吠犬，食之已痈。有兽焉，其状如貆而赤豪，其音如榴榴，名曰孟槐，可以御凶。是山也，无草木，多青、雄黄。

又北三百五十里，曰涿光之山。嚣水出焉，而西流注于河。其中多鰼鰼之鱼，其状如鹊而十翼，鳞皆在羽端，其音如鹊，可以御火，食之不瘅。其上多松、柏，其下多棕、橿，其兽多麢羊，其鸟多蕃。

又北三百八十里，曰虢山，其上多漆，其下多桐、椐。

其阳多玉，其阴多铁。伊水出焉，西流注于河。其兽多橐驼，其鸟多寓，状如鼠而鸟翼，其音如羊，可以御兵。

又北四百里，至于虢山之尾，其上多玉而无石。鱼水出焉，西流注于河，其中多文贝。

又北二百里，曰丹熏之山，其上多樗、柏，其草多韭薤，多丹雘。熏水出焉，而西流注于棠水。有兽焉，其状如鼠，而菟首麋身，其音如獋犬，以其尾飞，名曰耳鼠，食之不睬，又可以御百毒。

又北二百八十里，曰石者之山，其上无草木，多瑶、碧。泚水出焉，西流注于河。有兽焉，其状如豹，而文题白身，名曰孟极，是善伏，其鸣自呼。

又北百一十里，曰边春之山，多葱、葵、韭、桃、李。杠水出焉，而西流注于泑泽。有兽焉，其状如禺而文身，善笑，见人则卧，名曰幽鴳，其鸣自呼。

又北二百里，曰蔓联之山，其上无草木，有兽焉，其状如禺而有鬣，牛尾、文臂、马蹄，见人则呼，名曰足訾，其鸣自呼。有鸟焉，群居而朋飞，其毛如雌雉，名曰鵁，其鸣自呼，食之已风。

又北百八十里，曰单张之山，其上无草木。有兽焉，其状如豹而长尾，人首而牛耳，一目，名曰诸犍，善吒，行则衔其尾，居则蟠其尾。有鸟焉，其状如雉，而文首、白翼、黄足，名曰白鵺，食之已嗌痛，可以已痸。栎水出焉，而南流注于杠水。

又北三百二十里，曰灌题之山，其上多樗柘，其下多流沙，多砥。有兽焉，其状如牛而白尾，其音如讥，名曰那父。有鸟焉，其状如雌雉而人面，见人则跃，名曰竦斯，其鸣自呼也。匠韩之水出焉，而西流注于泑泽，其中多磁石。

又北二百里，曰潘侯之山，其上多松、柏，其下多榛、楛，其阳多玉，其阴多铁。有兽焉，其状如牛，而四节生毛，名曰旄牛。边水出焉，而南流注于栎泽。

又北二百三十里，曰小咸之山，无草木，冬夏有雪。

北二百八十里，曰大咸之山，无草木，其下多玉。是山也，四方，不可以上。有蛇名曰长蛇，其毛如彘豪，其音如鼓柝。

又北三百二十里，曰敦薨之山，其上多棕、枏，其下多茈草。敦薨之水出焉，而西流注于泑泽。出于昆仑之东北隅，实惟河源。其中多赤鲑，其兽多兕、旄牛，其鸟多鸤鸠。

又北二百里，曰少咸之山，无草木，多青碧。有兽焉，其状如牛，而赤身、人面、马足，名曰窫窳，其音如婴儿，是食人。敦水出焉，东流注于雁门之水，其中多魳魳之鱼。食之杀人。

又北二百里，曰狱法之山。瀤泽之水出焉，而东北流注于泰泽。其中多䲁鱼，其状如鲤而鸡足，食之已疣。有兽焉，其状如犬而人面，善投，见人则笑，其名山犭军，其行如风，见则天下大风。

又北一百里，曰北岳之山，多枳棘、刚木。有兽焉，其状如牛，而四角、人目、彘耳，其名曰诸怀，其音如鸣雁，是食人。诸怀之水出焉，而西流注于嚣水，其中多鮨鱼，鱼身而犬首，其音如婴儿，食之已狂。

又北百八十里，曰浑夕之山，无草木，多铜、玉。嚣水出焉，而西北流注于海。有蛇一首两身，名曰肥遗，见则其国大旱。

又北五十里，曰北单之山，无草木，多葱、韭。

又北百里，曰罴差之山，无草木，多马。

又北百八十里，曰北鲜之山，是多马，鲜水出焉，而西北流注于涂吾之水。

又北百七十里，曰隄山，多马。有兽焉，其状如豹而文首，名曰狕。隄水出焉，而东流注于泰泽，其中多龙龟。

凡北山经之首，自单狐之山至于隄山，凡二十五山，五千四百九十里，其神皆人面蛇身。其祠之，毛用一雄鸡彘瘗，吉玉用一珪，瘗而不糈。其山北人，皆生食不火之物。

扫一扫，♫ 收听有声版

北次二经之首，在河之东，其首枕汾，其名曰管涔之山。其上无木而多草，其下多玉。汾水出焉，而西流注于河。

又西二百五十里，曰少阳之山，其上多玉，其下多赤银。酸水出焉，而东流注于汾水，其中多美赭。

又北五十里，曰县雍之山，其上多玉，其下多铜，其兽多闾、麋，其鸟多白翟、白䳑。晋水出焉，而东南流注于汾水。其中多鲐鱼，其状如儵而赤麟，其音如叱，食之不骄。

又北二百里，曰狐岐之山，无草木，多青碧。胜水出焉，而东北流注于汾水，其中多苍玉。

又北三百五十里，曰白沙山，广员三百里，尽沙也，无草木鸟兽。鲔水出于其上，潜于其下，是多白玉。

又北四百里，曰尔是之山，无草木，无水。

又北三百八十里，曰狂山，无草木，是山也，冬夏有雪。狂水出焉，而西流注于浮水，其中多美玉。

又北三百八十里，曰诸馀之山，其上多铜玉，其下多松柏。诸馀之水出焉，而东流注于旄水。

又北三百五十里，曰敦头之山，其上多金玉，无草木。旄水出焉，而东流注于印泽。其中多䮝马，牛尾而白身，一角，其音如呼。

又北三五十里，曰钩吾之山，其上多玉，其下多铜。有兽焉，其状如羊身、人面，其目在腋下，虎齿人爪，其音如婴儿，名曰狍鸮，是食人。

又北三百里，曰北嚣之山，无石，其阳多碧，其阴多玉。有兽焉，其状如虎，而白身犬首，马尾彘鬣，名曰独狢。有鸟焉，其状如乌，人面，名曰𩿩𩾌，宵飞而昼伏，食之已暍。涔水出焉，而东流注于邛泽。

又北三百五十里，曰梁渠之山，无草木，多金玉。脩水出焉，而东流注于雁门，其兽多居暨，其状如彚而赤毛，其音如豚。有鸟焉，其状如夸父，四翼、一目、犬尾，名曰嚣，其音如鹊，食之已腹痛，可以止衕。

又北四百里，曰姑灌之山，无草木。是山也，冬夏有雪。

又北三百八十里，曰湖灌之山，其阳多玉，其阴多碧、多马。湖灌之水出焉，而东流注于海，其中多鮦。有木焉，其叶如柳而赤理。

又北水行五百里，流沙三百里，至于洹山，其上多金玉。三桑生之，其树皆无枝，其高百仞。百果树生之。其下多怪蛇。

又北三百里，曰敦题之山，无草木，多金玉。是錞于北海。

凡北次二经之首，自管涔之山至于敦题之山，凡十七山，五千六百九十里。其神皆蛇身人面。其祠；毛用一雄鸡彘瘗；用一璧一珪，投而不糈。

扫一扫，
♫收听有声版

北次三经之首，曰太行之山。其首曰归山，其上有金玉，其下有碧。有兽焉，其状如羚羊而四角，马尾而有距，其名曰䮝，善还，其名自訆。有鸟焉，其状如鹊，白身、赤尾、六足，其名曰鹮，是善惊，其鸣自詨。

又东北二百里，曰龙侯之山，无草木，多金玉。决决之水出焉，而东流注于河。其中多人鱼，其状如䲠鱼，四足，其音如婴儿，食之无痴疾。

又东北二百里，曰马成之山，其上多文石，其阴多金玉。有兽焉，其状如白犬而黑头，见人则飞，其名曰天马，其鸣自訆，有鸟焉，其状如乌，首白而身青、足黄，是名曰鹍鹍。其名自詨，食之不饥，可以已寓。

又东北七十里，曰咸山，其上有玉，其下多铜，是多松柏，草多茈草。条菅之水出焉，而西南流注于长泽。其中多器酸，三岁一成，食之已疠。

又东北二百里，曰天池之山，其上无草木，多文石。有兽焉，其状如兔而鼠首，以其背飞，其名曰飞鼠。渑水出焉，潜于其下，其中多黄垩。

又东二百里，曰阳山，其上多玉，其下多金、铜。有兽焉，其状如牛而赤尾，其颈䫏，其状如勾瞿，其名曰领胡，其鸣自詨，食之已狂。有鸟焉，其状如雌雉，而五采以文，是自为牝牡，名曰象蛇，其名自詨。留水出焉，而南流注于河。其中有鮯父之鱼，其状如鲋鱼，鱼首而彘身，食之已呕。

又东三百五十里，曰贲闻之山，其上多苍玉，其下多黄垩，多涅石。

又北百里，曰王屋之山，是多石。㵋水出焉，而西北流注于泰泽。

又东北三百里，曰教山，其上多玉而无石。教水出焉，西流注于河，是水冬干而夏流，实惟干河。其中有两山。是山也，广员三百步，其名曰发丸之山，其上有金玉。

又南三百里，曰景山，南望盐贩之泽，北望少泽。其上多草、薯蓣，其草多秦椒，其阴多赭，其阳多玉。有鸟焉，其状如蛇，而四翼、六目、三足，名曰酸与，其鸣自詨，见则其邑有恐。

又东南三百二十里，曰孟门之山，其上多苍玉，多金，其下多黄垩，多涅石。

又东南三百二十里，曰平山。平水出于其上，潜于其下，是多美玉。

又东三百里，曰京山，有美玉，多漆木，多竹，其阳有赤铜，其阴有玄磻。高水出焉，南流注于河。

又东二百里，曰虫尾之山，其上多金玉，其下多竹，多青碧。丹水出焉，南流注于河；薄水出焉，而东南流注于黄泽。

又东三百里，曰彭毗之山，其上无草木，多金玉，其下多水。蚤林之水出焉，东南流注于河。肥水出焉，而南流注于床水，其中多肥遗之蛇。

又东百八十里，曰小侯之山。明漳之水出焉，南流注于黄泽。有鸟焉，其状如乌而白文，名曰鸪鹢，食之不瘅。

又东三百七十里，曰泰头之山。共水出焉，南注于虖池。其上多金玉，其下多竹箭。

又东北二百里，曰轩辕之山，其上多铜，其下多竹。有鸟焉，其状如枭而白首，其名曰黄鸟，其鸣自詨，食之不妒。

又北二百里，曰谒戾之山，其上多松柏，有金玉。沁水出焉，南流注于河。其东有林焉，名曰丹林。丹林之水出焉，南流注于河。婴侯之水出焉，北流注于氾水。

东三百里，曰沮洳之山，无草木，有金玉。濝水出焉，南流注于河。

又北三百里，曰神囷之山，其上有文石，其下有白蛇，有飞虫。黄水出焉，而东流注于洹；滏水出焉，而东流注于欧水。

又北二百里，曰发鸠之山，其上多柘木。有鸟焉，其状如乌，文首、白喙、赤足，名曰精卫，其鸣自詨。是炎帝之少女名曰女娃，女娃游于东海，溺而不返，故为精卫。常衔西山之木石，以堙于东海。漳水出焉，东流注于河。

又东北百二十里，曰少山，其上有金玉，其下有铜。清漳之水出焉，东流注于浊漳之水。

又东北二百里，曰锡山，其上多玉，其下有砥。牛首之水出焉，而东流注于滏水。

又北二百里，曰景山，有美玉。景水出焉，东南流注于海泽。

又北百里，曰题首之山，有玉焉，多石，无水。

又北百里，曰绣山，其上有玉、青碧，其木多栒，其草多芍药、芎䓖。洧水出焉，而东流注于河，其中有鳠、黾。

又北百二十里，曰松山。阳水出焉，东北流注于河。

又北百二十里，曰敦与之山，其上无草木，有金玉。溹水出于其阳，而东流注于泰陆之水；泜水出于其阴，而东流注于彭水；槐水出焉，而东流注于泜泽。

又北百七十里，曰柘山，其阳有金玉，其阴有铁。历聚之水出焉，而北流注于洧水。

又北三百里，曰维龙之山，其上有碧玉，其阳有金，其阴有铁。肥水出焉，而东流注于皋泽，其中多磊石。敞铁之水出焉，而北流注于大泽。

又北百八十里，曰白马之山，其阳多石玉，其阴多铁，多赤铜。木马之水出焉，而东北流注于虖沱。

又北二百里，曰空桑之山，无草木，冬夏有雪。空桑之水出焉，东流注于虖沱。

又北三百里，曰泰戏之山，无草木，多金玉。有兽焉，其状如羊，一角一目，目在耳后，其名曰辣辣，其鸣自讪。虖沱之水出焉，而东流注于溇水。液女之水出于其阳，南流注于沁水。

又北三百里，曰石山，多藏金玉。濩濩之水出焉，而东流注于虖沱；鲜于之水出焉，而南流注于虖沱。

又北二百里，曰童戎之山。皋涂之水出焉，而东流注于溇液水。

又北三百里，曰高是之山。滋水出焉，而南流注于虖沱。其木多棕，其草多条。滱水出焉，东流注于河。

又北三百里，曰陆山，多美玉。郯水出焉，而东流注于河。

又北二百里，曰沂山。般水出焉，而东流注于河。

北百二十里，曰燕山，多婴石。燕水出焉，东流注于河。

又北山行五百里，水行五百里，至于饶山。是无草木，多瑶碧，其兽多橐驼，其鸟多鹠。历虢之水出焉，而东流注于河，其中有师鱼，食之杀人。

又北四百里，曰乾山，无草木，其阳有金玉，其阴有铁而无水。有兽焉，其状如牛而三足，其名曰獂，其鸣自詨。

又北五百里，曰伦山。伦水出焉，而东流注于河。有兽焉，其状如麋，其川在尾上，其名曰罴。

又北五百里，曰碣石之山。绳水出焉，而东流注于河，其中多蒲夷之鱼。其上有玉，其下多青碧。

又北水行五百里，至于雁门之山，无草木。

又北水行四百里，至于泰泽。其中有山焉，曰帝都之山，广员百里，无草木，有金玉。

又北五百里，曰錞于毋逢之山，北望鸡号之山，其风如飏。西望幽都之山，浴水出焉。是有朋蛇，赤首白身，其音如牛，见则其邑大旱。

凡北次三经之首，自太行之山以至于毋逢之山，凡四十六山，万二千三百五十里。其神状皆马身而人面者廿神。其祠之，皆用一藻茝瘗之。其十四神状皆彘身而载玉。其祠之，皆玉，不瘗。其十神状皆彘身而八足蛇尾。其祠之，皆用一璧瘗之。大凡四十四神，皆用稌糈米祠之。此皆不火食。

右北经之山志，凡八十七山，二万三千二百三十里。

东山经之首，自樕蠡之山。北临乾昧，食水出焉，而东北流注于海。其中多鱅鱅之鱼，其状如犁牛，其音如彘鸣。

又南三百里，曰藟山，其上有玉，其下有金。湖水出焉，东流注于食水，其中多活师。

又南三百里，曰枸状之山，其上多金、玉，其下多青碧石。有兽焉，其状如犬，六足，其名曰从从，其鸣自詨。有鸟焉，其状如鸡而鼠毛，其名曰蚩鼠，见则其邑大旱。汜水出焉，而北流注于湖水。其中多箴鱼，其状如鯈，其喙如箴，食之无疫疾。

又南三百里，曰勃垒之山，无草木，无水。

又南三百里，曰番条之山，无草木，多沙。减水出焉，北流注于海，其中多鳡鱼。

又南四百里，曰姑儿之山，其上多漆，其下多桑柘。姑儿之水出焉，北流注于海，其中多鳡鱼。

又南四百里，曰高氏之山，其上多玉，其下多箴石。诸绳之水出焉，东流注于泽，其中多金玉。

又南三百里，曰岳山，其上多桑，其下多樗。泺水出焉，东流注于泽，其中多金玉。

又南三百里，曰犲山，其上无草木，其下多水，其中多堪𥐬之鱼。有兽焉，其状如夸父而彘毛，其音如呼，见则天下大水。

又南三百里，曰独山，其上多金玉，其下多美石。末涂之水出焉，而东流注于沔，其中多鯈蟰，其状如黄蛇，鱼翼，出入有光，见则其邑大旱。

又南三百里，曰泰山，其上多玉，其下多金。有兽焉，其状如豚而有珠，名曰狪狪，其鸣自训。环水出焉，东流注于江，其中多水玉。

又南三百里，曰竹山，錞于江，无草木，多瑶碧。激水出焉，而东南流注于娶檀之水，其中多茈蠃。

凡东山经之首，自樕螽之山以至于竹山，凡十二山，三千六百里。其神状皆人身龙首。祠：毛用一犬祈，聊用鱼。

扫一扫，
♫ 收听有声版

东次二经之首，曰空桑之山，北临食水，东望沮吴，南望沙陵，西望湣泽。有兽焉，其状如牛而虎文，其音如钦。其名曰轮轮，其鸣自训，见则天下大水。

又南六百里，曰曹夕之山，其下多谷而无水，多鸟兽。

又西南四百里，曰峄皋之山，其上多金玉，其下多白垩。峄皋之水出焉，东流注于激女之水，其中多蜃珧。

又南水行五百里，流沙三百里，至于葛山之尾，无草木，多砥砺。

又南三百八十里，曰葛山之首，无草木。澧水出焉，东流注于余泽，其中多珠鳖鱼，其状如肺而有目，六足有珠，其味酸甘，食之无疠。

又南三百八十里，曰余峨之山。其上多梓枏，其下多荆芑。杂余之水出焉，东流注于黄水。有兽焉，其状如菟而鸟喙，鸱目蛇尾，见人则眠，名曰犰狳，其鸣自训，见则螽蝗为败。

又南三百里，曰杜父之山，无草木，多水。

又南三百里，曰耿山，无草木，多水碧，多大蛇。有兽焉，其状如狐而鱼翼，其名曰朱獳，其鸣自训，见则其国有恐。

又南三百里，曰卢其之山，无草木，多沙石。沙水出焉，南流注于涔水，其中多鹙鹕，其状如鸳鸯而人足，其鸣自训，见则其国多土功。

又南三百里，曰南姑射之山，无草木，多水。

又南水行三百里，流沙百里，曰北姑射之山，无草木，多石。

又南三百八十里，曰南姑射之山，无草木，多水。

又南三百里，曰碧山，无草木，多大蛇，多碧、水玉。

又南五百里，曰缑氏之山，无草木，多金玉。原水出焉，东流注于沙泽。

又南三百里，曰姑逢之山，无草木，多金玉。有兽焉，其状如狐而有翼，其音如鸿雁，其名曰獙獙，见则天下大旱。

又南五百里，曰凫丽之山，其上多金玉，其下多箴石，有兽焉，其状如狐，而九尾、九首、虎爪，名曰蛊蛭，其音如婴儿，是食人。

又南五百里，曰磹山，南临磹水，东望湖泽，有兽焉，其状如马，而羊目、四角、牛尾，其音如獟狗，其名曰峳峳。见则其国多狡客。有鸟焉，其状如凫而鼠尾，善登木，其名曰絜钩，见则其国多疫。

凡东次二经之首，自空桑之山至于硿山，凡十七山，六千六百四十里。其神状皆兽身人面载觡。其祠：毛用一鸡祈，婴用一璧瘗。

扫一扫，
♫ 收听有声版

又东次三经之首，曰尸胡之山，北望㺨山，其上多金玉，其下多棘。有兽焉，其状如麋而鱼目，名曰妵胡，其鸣自训。

又南水行八百里，曰岐山，其木多桃李，其兽多虎。

又南水行五百里，曰诸钩之山，无草木，多沙石。是山也，广员百里，多寐鱼。

又南水行七百里，曰中父之山，无草木，多沙。

又东水行千里，曰胡射之山，无草木，多沙石。

又南水行七百里，曰孟子之山，其木多梓桐，多桃李，其草多菌蒲，其兽多麋鹿。是山也，广员百里。其上有水出焉，名曰碧阳，其中多鳣鲔。

又南水行五百里，曰流沙，行五百里，有山焉，曰跂踵之山。广员二百里，无草木，有大蛇，其上多玉。有水焉，广员四十里皆涌，其名曰深泽，其中多蠵龟。有鱼焉，其状如鲤。而六足鸟尾，名曰鲐鲐之鱼，其鸣自训。

又南水行九百里，曰踇隅之山，其上有草木，多金玉，多赭。有兽焉，其状如牛而马尾，名曰精精，其鸣自训。

又南水行五百里，流沙三百里，至于无皋之山，南望幼海，东望榑木，无草木，多风。是山也，广员百里。

凡东次三经之首，自尸胡之山至于无皋之山，凡九山，六千九百里。其神状皆人身而羊角。其祠：用一牡羊，米用黍。是神也，见则风雨水为败。

扫一扫，
♫ 收听有声版

又东次四经之首，曰北号之山，临于北海。有木焉，其状如杨，赤华，其实如枣而无核，其味酸甘，食之不疟。食水出焉，而东北流注于海。有兽焉，其状如狼，赤首鼠目，其音如豚，名曰猲狙，是食人。有鸟焉，其状如鸡而白首，鼠足而虎爪，其名曰鬿雀，亦食人。

又南三百里，曰旄山，无草木。苍体之水出焉，而西流注于展水，其中多鳝鱼，其状如鲤而大首，食者不疣。

又南三百二十里，曰东始之山，上多苍玉。有木焉，其状如杨而赤理，其汁如血，不实，其名曰芑，可以服马。泚水出焉，而东北流注于海，其中多美贝，多茈鱼，其状如鲋，一首而十身，其臭如麋芜，食之不糟。

又东南三百里，曰女烝之山，其上无草木。石膏水出焉，而西注于鬲水。其中多薄鱼，其状如鳣鱼而一目，其音如欧，见则天下大旱。

又东南二百里，曰钦山，多金玉而无石。师水出焉，而北流注于皋泽，其中多鳝鱼，多文贝。有兽焉，其状如豚而有牙，其名曰当康，其鸣自訆，见则天下大穰。

又东南二百里，曰子桐之山。子桐之水出焉，而西流注于余如之泽。其中多䱻鱼，其状如鱼而鸟翼，出入有光。其音如鸳鸯，见则天下大旱。

又东北二百里，曰剡山，多金玉。有兽焉，其状如彘而人面。黄身而赤尾，其名曰合窳，其音如婴儿，是兽也，食人，亦食虫蛇，见则天下大水。

又东二百里，曰太山，上多金玉、桢木。有兽焉，其状如牛而白首，一目而蛇尾，其名曰蜚，行水则竭，行草则死，见则天下大疫。钩水出焉，而北流注于劳水，其中多鳝鱼。

凡东次四经之首，自北号之山至于太山，凡八山，一千七百二十里。

右东经之山志，凡四十六山，万八千八百六十里。

中山经薄山之首，曰甘枣之山，共水出焉，而西流注于河。其上多枏木。其下有草焉，葵本而杏叶。黄华而荚实，名曰箨，可以已瞢。有兽焉，其状如𪁺鼠而文题，其名曰䶐，食之已瘿。

又东二十里，曰历儿之山，其上多檀，多枥木，是木也，方茎而员叶，黄华而毛，其实如拣，服之不忘。

又东十五里，曰渠猪之山，其上多竹，渠猪之水出焉，而南流注于河。其中是多豪鱼，状如鲔，赤喙尾赤羽，可以已白癣。

又东三十五里，曰葱聋之山，其中多大谷，是多白垩，黑、青、黄垩。

又东十五里，曰涹山，其上多赤铜，其阴多铁。

又东七十里，曰脱扈之山。有草焉，其状如葵叶而赤华，荚实，实如棕荚，名曰植楮，可以已癙，食之不眯。

又东二十里，曰金星之山，多天婴，其状如龙骨，可以已痤。

又东七十里，曰泰威之山。其中有谷，曰枭谷，其中多铁。

又东十五里，曰橿谷之山。其中多赤铜。

又东百二十里，曰吴林之山，其中多葌草。

又北三十里，曰牛首之山。有草焉，名曰鬼草，其叶如葵而赤茎，其秀如禾，服之不忧。劳水出焉，而西流注于潏水，是多飞鱼，其状如鲋鱼，食之已痔衕。

又北四十里，曰霍山，其木多榖。有兽焉，其状如狸，而白尾有鬣，名曰朏朏，养之可以已忧。

又北五十二里，曰合谷之山，是多薝棘。

又北三十五里，曰阴山，多砺石、文石。少水出焉，其中多雕棠，其叶如榆叶而方，其实如赤菽，食之已聋。

又东北四百里，曰鼓镫之山，多赤铜。有草焉，名曰荣草，其叶如柳，其本如鸡卵，食之已风。

凡薄山之首，自甘枣之山至于鼓镫之山，凡十五山，六千六百七十里。历儿、冢也，其祠礼：毛，太牢之具，县以吉玉。其余十三山者，毛用一羊，县婴用桑封，瘗而不糈。桑封者，桑主也，方其下而锐其上，而中穿之加金。

扫一扫，
♫ 收听有声版

中次二经济山之首，曰煇诸之山，其上多桑，其兽多闾麋，其鸟多鹘。

又西南二百里，曰发视之山，其上多金玉，其下多砥砺。即鱼之水出焉，而西流注于伊水。

又西三百里，曰豪山，其上多金玉而无草木。

又西三百里，曰鲜山，多金玉，无草木，鲜水出焉，而北流注于伊水。其中多鸣蛇，其状如蛇而四翼，其音如磬，见则其邑大旱。

又西三百里，曰阳山，多石，无草木。阳水出焉，而北流注于伊水。其中多化蛇，其状如人面而豺身，鸟翼而蛇行，其音如叱呼，见则其邑大水。

又西二百里，曰昆吾之山，其上多赤铜。有兽焉，其状如彘而有角，其音如号，名曰蠪蚳，食之不眯。

又西百二十里，曰葌山。葌水出焉，而北流注于伊水，其上多金玉，其下多青雄黄。有木焉，其状如棠而赤叶，名曰芒草，可以毒鱼。

又西一百五十里，曰独苏之山，无草、木，而多水。

又西二百里，曰蔓渠之山，其上多金玉，其下多竹箭。伊水出焉，而东流注于洛。有兽焉，其名曰马腹，其状如人面虎身，其音如婴儿，是食人。

凡济山经之首，自辉诸之山至于蔓渠之山，凡九山，一千六百七十里，其神皆人面而鸟身。祠用毛，用一吉玉，投而不糈。

中次三经萯山之首，曰敖岸之山，其阳多㻬琈之玉，其阴多赭、黄金。神熏池居之。是常出美玉。北望河林，其状如茜如举。有兽焉，其状如白鹿而四角，名曰夫诸，见则其邑大水。

　　又东十里，曰青要之山，实惟帝之密都。北望河曲，是多驾鸟。南望墠渚，禹父之所化，是多仆累、蒲卢。魁武罗司之，其状人面而豹文，小要而白齿，而穿耳以镰，其鸣如鸣玉。是山也，宜女子。畛水出焉，而北流注于河。其中有鸟焉，名曰鴢，其状如凫，青身而朱目赤尾，食之宜子。有草焉，其状如菱，而方茎黄华赤实，其本如藁木，名曰荀草，服之美人色。

　　又东十里，曰骢山，其上有美枣，其阴有㻬琈之玉。正回之水出焉，而北流注于河。其中多飞鱼，其状如豚而赤文，服之不畏雷，可以御兵。

　　又东四十里，曰宜苏之山，其上多金玉，其下多蔓居之木。潏潏之水出焉，而北流注于河，是多黄贝。

　　又东二十里，曰和山，其上无草、木而多瑶、碧，实惟河之九都。是山也。五曲九水出焉，合而北流注于河，其中多苍玉。吉神泰逢司之，其状如人而虎尾，是好居于萯山之阳，出入有光。泰逢神动天地气也。

凡荥山之首，自敖岸之山至于和山，凡五山，四百四十里。其祠：泰逢、熏池、武罗皆一牡羊副，婴用吉玉。其二神用一雄鸡瘞之。糈用稌。

扫一扫，
♫ 收听有声版

中次四经厘山之首，曰鹿蹄之山，其上多玉，其下多金。甘水出焉，而北流注于洛，其中多泠石。

西五十里，曰扶猪之山，其上多礝石。有兽焉，其状如貉而人目，其名曰䴢。虢水出焉，而北流注于洛，其中多瑀石。

又西一百二十里，曰厘山，其阳多玉，其阴多蒐。有兽焉，其状如牛。苍身，其音如婴儿，是食人，其名曰犀渠。滽滽之水出焉，而南流注于伊水。有兽焉，名曰獂，其状如獳犬而有鳞，其毛如彘鬣。

又西二百里，曰箕尾之山，多榖，多涂石，其上多㻬琈之玉。

又西二百五十里，曰柄山，其上多玉，其下多铜。滔雕之水出焉，而北流注于洛。其中多羬羊。有木焉，其状如樗，其叶如桐而荚实，其名曰茇，可以毒鱼。

又西二百里，曰白边之山，其上多金玉，其下多青雄黄。

又西二百里，曰熊耳之山，其上多漆，其下多棕。浮濠之水出焉，而西流注于洛，其中多水玉，多人鱼。有草焉，其状如苏而赤华，名曰葶苧，可以毒鱼。

又西三百里，曰牡山，其上多文石，其下多竹箭、竹
䉋，其兽多㸲牛、羬羊，鸟多赤鷩。

又西三百五十里，曰讙举之山。雒水出焉，而东北流注
于玄扈之水，其中多马肠之物。此二山者，洛间也。

凡厘山之首，自鹿蹄之山至于玄扈之山，凡九山，
千六百七十里。其神状皆人面兽身。其祠之，毛用一白鸡，
祈而不糈，以采衣之。

扫一扫，
♫ 收听有声版

中次五经薄山之首，曰苟床之山，无草木，多怪石。

东三百里，曰首山，其阴多穀柞，其草多𦶇芫，其阳多
㻬琈之玉，木多槐。其阴有谷，曰机谷，多䲹鸟，其状如枭
而三目，有耳，其音如录。食之已垫。

又东三百里，曰县斸之山。无草、木，多文石。

又东三百里，曰葱聋之山。无草木，多𥐒石。

东北五百里，曰条谷之山。其木多槐、桐，其草多芍药、
𧅊冬。

又北十里，曰超山。其阴多苍玉，其阳有井，冬有水而
夏竭。

又东五百里，曰成侯之山。其上多櫄木，其草多芁。

又东五百里，曰朝歌之山。谷多美垩。

又东五百里，曰槐山。谷多金、锡。

又东十里，曰历山。其木多槐，其阳多玉。

又东十里，曰尸山。多苍玉，其兽多麖。尸水出焉，南流注于洛水，其中多美玉。

又东十里，曰良馀之山。其上多榖、柞，无石。馀水出于其阴，而北流注于河；乳水出于其阳，而东南流注于洛。

又东南十里，曰蛊尾之山。多砺石、赤铜。龙馀之水出焉，而东南流注于洛。

又东北二十里，曰升山。其木多榖、柞、棘，其草多薯蓣、蕙，多寇脱。黄酸之水出焉，而北流注于河，其中多璇玉。

又东十二里，曰阳虚之山。多金，临于玄扈之水。

凡薄山之首，自苟林之山至于阳虚之山，凡十六山，二千九百八十二里。升山。冢也，其祠礼，太牢，婴用吉玉。首山。魉也，其祠用稌、黑牺、太牢之具、蘖酿、干儛、置鼓，婴用一璧。尸水，合天也，肥牲祠之，用一黑犬于上，用一雌鸡于下，刉一牝羊，献血。婴用吉玉，采之，飨之。

扫一扫，
♫ 收听有声版

中次六经缟羝山之首，曰平逢之山。南望伊、洛，东望
榖城之山，无草、木，无水，多沙石。有神焉，其状如人而
二首，名曰骄虫，是为螫虫，实惟蜂蜜之庐。其祠之，用一
雄鸡，禳而勿杀。

西十里，曰缟羝之山，无草、木，多金、玉。

又西十里，曰廆山。其阴多㻬珸之玉。其西有谷焉，名
曰雚谷，其木多柳楮。其中有鸟焉，状如山鸡而长尾，赤
如丹火而青喙，名曰鸰鹦，其鸣自呼，服之不眯。交觞之
水出于其阳，而南流注于洛；俞随之水出于其阴，而北流
注于榖水。

又西三十里，曰瞻诸之山。其阳多金，其阴多文石。㴬
水出焉，而东南流注于洛；少水出其阴，而东流注于榖水。

又西三十里，曰娄涿之山。无草、木，多金、玉。瞻水
出于其阳，而东流注于洛；陂水出于阴，而北流注于榖水，
其中多茈石、文石。

又西四十里，曰白石之山。惠水出于其阳，而南流注于
洛，其中多水玉。涧水出于其阴，西北流注于榖水，其中多
麋石、栌丹。

又西五十里，曰榖山。其上多榖，其下多桑。爽水出焉，
而西北流注于榖水，其中多碧绿。

又西七十二里，曰密山。其阳多玉，其阴多铁。豪水出焉，而南流注于洛，其中多旋龟，其状鸟首而鳖尾，其音如判木。无草、木。

又西百里，曰长石之山。无草、木，多金、玉。其西有谷焉，名曰共谷，多竹。共水出焉，西南流注于洛，其中多鸣石。

又西一百四十里，曰傅山。无草、木，多瑶、碧。厌染之水出于其阳，而南流注于洛，其中多人鱼。其西有林焉，名曰墦冢。穀水出焉，而东流注于洛，其中多珚玉。

又西五十里，曰橐山。其木多樗，多㯉木。其阳多金、玉，其阴多铁，多萧。橐水出焉，而北流注于河。其中多脩辟之鱼，状如黾而白喙，其音如鸱，食之已白癣。

又西九十里，曰常烝之山。无草木，多垩。潐水出焉，而东北流注于河，其中多苍玉。菑水出焉，而北流注于河。

又西九十里，曰夸父之山。其木多棕、枏、多竹箭。其兽多㸲牛、羬羊，其鸟多𪇮。其阳多玉，其阴多铁。其北有林焉，名曰桃林，是广员三百里，其中多马。湖水出焉，而北流注于河，其中多珚玉。

又西九十里，曰阳华之山。其阳多金、玉，其阴多青雄黄。其草多薯藇，多苦辛，其状如楸，其实如瓜，其味酸甘，食之已疟。杨水出焉，而西南流注于洛。其中多人鱼。门水出焉，而东北流注于河，其中多玄磻。绪姑之水出于其阴，而东流注于门水，其上多铜。门水至于河，七百九十里入雒水。

凡缟羝山之首，自平逢之山至于阳华之山，凡十四山，七百九十里。岳在其中，以六月祭之，如诸岳之祠法，则天下安宁。

扫一扫，
♫ 收听有声版

中次七经苦山之首，曰休与之山。其上有石焉，名曰帝台之棋，五色而文，其状如鹑卵。帝台之石，所以祷百神者也，服之不蛊。有草焉，其状如蓍，赤叶而本丛生，名曰夙条，可以为竿。

东三百里，曰鼓钟之山，帝台之所以觞百神也。有草焉，方茎而黄华，员叶而三成，其名曰焉酸，可以为毒。其上多砺，其下多砥。

又东二百里，曰姑媱之山。帝女死焉，其名曰女尸，化为䔄草，其叶胥成，其华黄，其实如菟丘，服之媚于人。

又东二十里，曰苦山。有兽焉，名曰山膏，其状如逐，赤若丹火，善詈。其上有木焉，名曰黄棘，黄华而员叶，其实如兰，服之不字。有草焉，员叶而无茎，赤华而不实，名曰无条，服之不瘿。

又东二十七里，曰堵山。神天愚居之，是多怪风雨。其上有木焉，名曰天楄，方茎而葵状，服者不噎。

又东五十二里，曰放皋之山。明水出焉，南流注于伊水，其中多苍玉。有木焉，其叶如槐，黄华而不实，其名曰蒙木，服之不惑。有兽焉，其状如蜂，枝尾而反舌，善呼，其名曰文文。

又东五十七里，曰大苦之山。多琈珸之玉，多麋玉。有草焉，其状叶如榆，方茎而苍伤，其名曰牛伤，其根苍文，服者不厥，可以御兵。其阳狂水出焉，西南流注于伊水，其中多三足龟，食者无大疾，可以已肿。

又东七十里，曰半石之山。其上有草焉，生而秀，其高丈余，赤叶赤华，华而不实，其名曰嘉荣，服之者不霆。来需之水出于其阳，而西流注于伊水，其中多鲐鱼，黑文，其状如鲋，食者不睡。合水出于其阴，而北流注于洛，多𩽋鱼，状如鳜，居逯，苍文赤尾，食者不痛，可以为瘘。

又东五十里，曰少室之山，百草木成囷。其上有木焉，其名曰帝休，叶状如杨，其枝五衢，黄华黑实，服者不怒。其上多玉，其下多铁。休水出焉，而北流注于洛，其中多䲡鱼，状如盩蜼而长距，足白而对，食者无蛊疾，可以御兵。

又东三十里，曰泰室之山。其上有木焉，叶状如犁而赤理，其名曰栯木，服者不妒。有草焉，其状如苍，白华黑实，泽如蘡薁，其名曰𦺇草，服之不昧。上多美石。

又北三十里，曰讲山。其上多玉，多柘，多柏。有木焉，名曰帝屋，叶状如椒，反伤赤实，可以御凶。

又北三十里，曰婴梁之山。上多苍玉，镎于玄石。

又东三十里，曰浮戏之山。有木焉，叶状如樗而赤实，名曰亢木，食之不蛊。汜水出焉，而北流注于河。其东有谷，因名曰蛇谷，上多少辛。

又东四十里，曰少陉之山。有草焉，名曰䓨草，叶状如葵，而赤茎白华，实如蘡薁，食之不愚。器难之水出焉，而北流注于役水。

又东南十里，曰太山。有草焉，名曰梨，其叶状如荻而赤华，可以已疽。太水出于其阳，而东南流注于没水；承水出于其阴，而东北流注于没。

又东二十里，曰末山。上多赤金。末水出焉，北流注于没。

又东二十五里，曰役山。上多白金，多铁。役水出焉，北注于河。

又东三十五里，曰敏山。上有木焉，其状如荆，白华而赤实，名曰蓟柏，服者不寒。其阳多㻬琈之玉。

又东三十里，曰大騩之山。其阴多铁、美玉、青垩。有草焉，其状如蓍而毛，青华而白实，其名曰薙。服之不夭，可以为腹病。

凡苦山之首，自休与之山至于大騩之山，凡十有九山，千一百八十四里。其十六神者，皆豕身而人面。其祠：毛牷用一羊羞，婴用一藻玉瘗。苦山、少室、太室皆冢也，其祠之，太牢之具，婴以吉玉。其神状皆人面而三首，其余属皆豕身人面也。

中次八经荆山之首，曰景山。其上多金、玉，其木多杼、檀。睢水出焉，东南流注于江，其中多丹粟，多文鱼。

东北百里，曰荆山。其阴多铁，其阳多赤金。其中多犛、牛，多豹、虎。其木多松、柏，其草多竹，多橘櫾。漳水出焉，而东南流注于睢。其中多黄金，多鲛鱼，其兽多闾麋。

又东北百五十里，曰骄山。其上多玉，其下多青雘，其木多松、柏，多桃枝、钩端。神鼍围处之，其状如人面，羊角虎爪，恒游于睢漳之渊，出入有光。

又东北百二十里，曰女几之山。其上多玉，其下多黄金。其兽多豹虎，多闾麋、麖麂。其鸟多白鹇，多翟，多鸩。

又东北二百里，曰宜诸之山。其上多金、玉，其下多青雘。洈水出焉，而南流注于漳，其中多白玉。

又东北三百五十里，曰纶山。其木多梓、枬，多桃枝、多柤、栗、橘、櫾，其兽多闾、麈、麢、㺢。

又东二百里，曰陆郇之山。其上多琈珸之玉，其下多垩，其木多杻、橿。

又东百三十里，曰光山。其上多碧，其下多木。神计蒙处之，其状人身而龙首，恒游于漳渊，出入必有飘风、暴雨。

又东百五十里，曰岐山。其阳多赤金，其阴多白珉，其上多金玉，其下多青雘，其木多樗。神涉鼍处之，其状人身而方面三足。

又东百三十里，曰铜山。其上多金、银、铁，其木多榖、柞、柤、栗、橘、櫾，其兽多豹。

又东北一百里，曰美山。其兽多兕牛，多闾麈，多豕鹿。其上多金，其下多青雘。

又东北百里，曰大尧之山。其木多松、柏，多梓、桑，多机；其草多竹；其兽多豹、虎、麢、臭。

又东北三百里，曰灵山。其上多金玉，其下多青雘，其木多桃、李、梅、杏。

又东北七十里，曰龙山。上多寓木；其上多碧，其下多赤锡；其草多桃枝、钩端。

又东南五十里，曰衡山。上多寓木、榖、柞，多黄垩、白垩。

又东南七十里，曰石山。其上多金，其下多青雘，多寓木。

又南百二十里，曰若山。其上多㻬琈之玉，多赭，多邽石，多寓木，多柘。

又东南一百二十里，曰彘山。多美石，多柘。

又东南一百五十里，曰玉山。其上多金、玉，其下多碧、铁，其木多柏。

又东南七十里，曰灌山。其木多檀，多邽石，多白锡。郁水出于其上，潜于其下，其中多砥砺。

又东北百五十里，曰仁举之山。其木多榖、柞。其阳多赤金，其阴多赭。

又东五十里，曰师每之山。其阳多砥砺，其阴多青�’。其木多柏，多檀，多柘；其草多竹。

又东南二百里，曰琴鼓之山。其木多穀、柞、椒、柘；其上多白珉，其下多洗石；其兽多豕、鹿，多白犀；其鸟多鸠。

凡荆山之首，自景山至琴鼓之山，凡二十三山，二千八百九十里，其神状皆鸟身而人面。其祠用一雄鸡祈瘗，用一藻圭，糈用稌。骄山，冢也，其祠用羞酒少牢祈瘗，婴毛一璧。

扫一扫，
♫ 收听有声版

中次九经岷山之首，曰女几之山。其上多石涅，其木多杻、橿，其草多菊、朮。洛水出焉，东注于江。其中多雄黄，其兽多虎、豹。

又东北三百里，曰岷山。江水出焉，东北流注于海，其中多良龟，多鼍。其上多金、玉，其下多白珉。其木多梅、棠。其兽多犀、象，多夔牛。其鸟多翰、鷩。

又东北一百四十里，曰崃山。江水出焉，东流注大江。其阳多黄金，其阴多麋、麈。其木多檀、柘，其草多薤韭，多药、空夺。

又东一百五十里，曰崌山。江水出焉，东流注于大江，其中多怪蛇、多鳌鱼。其木多楢杻，多梅梓。其兽多夔牛、麢、臭、犀、兕。有鸟焉，状如鸮而赤身白首，其名曰窃脂，可以御火。

又东三百里，曰高梁之山。其上多垩，其下多砥砺。其木多桃枝、钩端。有草焉，状如葵而赤华，荚实白柎，可以走马。

又东四百里，曰蛇山。其上多黄金，其下多垩；其木多枸，多豫章，其草多嘉荣、少辛。有兽焉，其状如狐，而白尾长耳，名狫狼，见则国内有兵。

又东五百里，曰鬲山。其阳多金，其阴多白珉。蒲鸏之水出焉，而东流注于江，其中多白玉。其兽多犀、象、熊、罴，多猨、蜼。

又东北三百里，曰隅阳之山。其上多金、玉，其下多青䨼。其木多梓、桑，其草多茈，徐之水出焉，东流注于江，其中多丹粟。

又东二百五十里，曰岐山。其上多白金，其下多铁。其木多梅、梓，多杻橿。减水出焉，东南流注于江。

又东三百里，曰勾㱞之山。其上多玉，其下多黄金。其木多栎柘，其草多芍药。

又东一百五十里，曰风雨之山。其上多白金，其下多石涅。其木多椒、樿，多杨。宣余之水出焉，东流注于江，其中多蛇。其兽多闾、麋，多麖、豹、虎，其鸟多白鹪。

又东北二百里，曰玉山。其阳多铜，其阴多赤金。其木多豫章、楢杻，其兽多豕鹿、麢、臭，其鸟多鸩。

又东一百五十里，曰熊山。有穴焉，熊之穴，恒出神人，夏启而冬闭。是穴也，冬启乃必有兵。其上多白玉，其下多白金。其木多樗柳，其草多寇脱。

又东一百四十里，曰骐山。其阳多美玉、赤金，其阴多铁。其木多桃枝、荆芑。

又东二百里，曰葛山。其上多赤金。其下多瑊石。其木多柤、栗、橘、櫾、楢、杻，其兽多㸲、羬，其草多嘉荣。

又东一百七十里，曰贾超之山。其阳多黄垩，其阴多美赭。其木多柤、栗、橘、櫾，其中多龙脩。

凡岷山之首，自女几山至于贾超之山，凡十六山，三千五百里。其神状皆马身而龙首。其祠：毛用一雄鸡瘗，糈用稌。文山、勾㮮、风雨、騩之山，是皆冢也；其祠之：羞酒，少牢具，婴毛一吉玉。熊山，席也。其祠：羞酒，太牢具，婴毛一璧。干儛，用兵以禳祈，璆冕舞。

扫一扫，
♪ 收听有声版

中次十经之首，曰首阳之山，其上多金、玉，无草、木。

又西五十里，曰虎尾之山。其木多椒、椐，多封石。其阳多赤金，其阴多铁。

又西南五十里，曰繁缋之山。其木多楢、杻，其草多枝勾。

又西南二十里，曰勇石之山。无草木，多白金，多水。

又西二十里，曰复州之山。其木多檀，其阳多黄金。有鸟焉，其状如鸮，而一足彘尾，其名曰跂踵，见则其国大疫。

又西三十里，曰楮山。多寓木，多椒椐，多柘，多垩。

又西二十里，曰又原之山。其阳多青雘，其阴多铁，其鸟多鸜鹆。

又西五十里，曰涿山。其木多穀、柞、杻，其阳多㻬琈之玉。

又西七十里，曰丙山。其木多梓、檀，多弞、杻。

凡首阳山之首，自首山至于丙山，凡九山，二百六十七里。其神状皆龙身而人面。其祠之，毛用一雄鸡瘗，糈用五种之糈。堵山，冢也，其祠之，少牢具，羞酒祠，婴毛一璧瘗。騩山，帝也，其祠：羞酒，太牢其；合巫祝二人舞，婴一璧。

扫一扫，
♫ 收听有声版

中次一十一山经荆山之首，曰翼望之山。湍水出焉，东流注于济。贶水出焉，东南流注于汉，其中多蛟。其上多松、柏，其下多漆、梓。其阳多赤金，其阴多珉。

又东北一百五十里，曰朝歌之山。潕水出焉，东南流注于荣，其中多人鱼。其上多梓、枬，其兽多麢、麋。有草焉，名曰莽草，可以毒鱼。

又东南二百里，曰帝囷之山。其阳多㻬琈之玉，其阴多铁。帝囷之水出于其上，潜于其下，多鸣蛇。

又东南五十里，曰视山，其上多韭。有井焉，名曰天井，夏有水，冬竭。其上多桑，多美垩、金玉。

又东南二百里，曰前山。其木多楮，多柏。其阳多金，其阴多赭。

又东南三百里，曰丰山。有兽焉，其状如猨，赤目、赤喙、黄身，名曰雍和，见则国有大恐。神耕父处之，常游清泠之渊，出入有光，见则其国为败。有九钟焉，是知霜鸣。其上多金，其下多榖、柞、杻、橿。

又东北八百里，曰兔床之山。其阳多铁，其林多薯蓣。其草多鸡谷，其本如鸡卵，其味酸甘，食者利于人。

又东六十里，曰皮山。多垩，多赭，其木多松、柏。

又东六十里，曰瑶碧之山。其木多柞、枌，其阴多青雘，其阳多白金。有鸟焉，其状如雉，恒食蜚，名曰鸩。

又东四十里，曰支离之山。济水出焉，南流注于汉。有鸟焉，其名曰婴勺，其状如鹊，赤目、赤喙、白身，其尾若勺，其鸣自呼。多㸲牛，多羬羊。

又东北五十里，曰袟筩之山。其上多松柏、机柏。

又西北一百里，曰堇理之山。其上多松、柏，多美梓，其阳多丹膊，多金，其兽多豹、虎。有鸟焉，其状如鹊，青身、白喙、白目、白尾，名曰青耕，可以御疫，其鸣自训。

又东南三十里，曰依轱之山。其上多杻、橿，多苴。有兽焉，其状如犬，虎爪有甲，其名曰獜，善驶牟，食者不风。

又东南三十五里，曰即谷之山。多美玉，多玄豹，多闾麈，多麢、臭。其阳多珉，其阴多青雘。

又东南四十里，曰鸡山。其上多美梓，多桑，其草多韭。

又东南五十里，曰高前之山。其上有水焉，甚寒而清，帝台之

浆也，饮之者不心痛。其上有金，其下有赭。

又东南三十里，曰游戏之山，多杻、橿、榖，多玉，多封石。

又东南三十五里，曰从山，其上多松、柏，其下多竹。从水出于其上，潜于其下。其中多三足鳖，枝尾，食之无蛊疫。

又东南三十里，曰婴硾之山。其上多松、柏，其下多梓、櫄。

又东南三十里，曰毕山。帝苑之水出焉，东北流注于视，其中多水玉，多蛟。其上多㻬琈之玉。

又东南二十里，曰乐马之山。有兽焉，其状如彚，赤如丹火，其名曰狭，见则其国大疫。

又东南二十五里，曰葴山。视水出焉，东南流注于汝水，其中多人鱼，多蛟，多颉。

又东四十里，曰婴山。其下多青䨼，其上多金玉。

又东三十里，曰虎首之山。多苴、椆、椐。

又东二十里，曰婴侯之山。其上多封石，其下多赤锡。

又东五十里，曰大孰之山。杀水出焉，东北流注于视水，其中多白垩。

又东四十里，曰卑山。其上多桃、李、苴、梓，多纍。

又东三十里，曰倚帝之山。其上多玉，其下多金。有兽焉，其状如鼣鼠，白耳白喙，名曰狙如，见则其国有大兵。

又东三十里，曰鲵山。鲵水出于其上，潜于其下，其中多美垩。其上多金，其下多青雘。

又东三十里，曰雅山。澧水出焉，东流注于视水，其中多大鱼。其上多美桑，其下多苴，多赤金。

又东五十五里，曰宣山。沦水出焉，东南流注于视水，其中多蛟。其上有桑焉，大五十尺，其枝四衢，其叶大尺余，赤理、黄华、青柎，名曰帝女之桑。

又东四十五里，曰衡山。其上多青雘，多桑，其鸟多鹦鹆。

又东四十里，曰丰山。其上多封石，其木多桑，多羊桃，状如桃而方茎，可以为皮张。

又东七十里，曰妪山。其上多美玉，其下多金，其草多鸡谷。

又东三十里，曰鲜山。其木多楢、杻、苴，其草多䖆冬，其阳多金，其阴多铁。有兽焉，其状如膜大，赤喙、赤目、白尾，见则其邑有火，名曰狻即。

又东三十里，曰章山。其阳多金，其阴多美石。皋水出焉，东流注于澧水，其中多脆石。

又东二十五里，曰大支之山。其阳多金，其木多榖、柞，无草、木。

又东五十里，曰区吴之山。其木多苴。

又东五十里，曰声匈之山。其木多榖，多玉，上多封石。

又东五十里，曰大騩之山。其阳多赤金，其阴多砥石。

又东十里，曰踵臼之山。无草木。

又东北七十里，曰历石之山。其木多荆芑，其阳多黄金，其阴多砥石。有兽焉，其状如狸，而白首虎爪，名曰梁渠，见则其国有大兵。

又东南一百里，曰求山。求水出于其上，潜于其下，中有美赭。其木多苴，多䇠。其阳多金，其阴多铁。

又东二百里，曰丑阳之山。其上多椆、椐。有鸟焉，其状如乌而赤足，名曰䴎鵌，可以御火。

又东三百里，曰奥山。其上多柏、杻、橿，其阳多㻬琈之玉。奥水出焉，东流注于视水。

又东三十五里，曰服山。其木多苴，其上多封石，其下多赤锡。

又东三百里，曰杳山。其上多嘉荣草，多金、玉。

又东三百五十里，曰几山。其木多楢、檀、杻，其草多香。有兽焉，其状如彘，黄身、白头、白尾，名曰闻獜，见则天下大风。

凡荆山之首，自翼望之山至于几山，凡四十八山，三千七百三十二里。其神状皆彘身人首。其祠：毛用一雄鸡祈，瘗用一珪，糈用五种之精。禾山，帝也，其祠：太牢之具，羞瘗，倒毛；用一璧，牛无常。堵山、玉山，冢也，皆倒祠，羞毛少牢，婴毛吉玉。

中次十二经洞庭山之首，曰篇遇之山。无草、木，多黄金。

又东南五十里，曰云山。无草、木，有桂、竹，甚毒，伤人必死。其上多黄金，其下多琈珸之玉。

又东南一百三十里，曰龟山。其木多榖、柞、椆、椐，其上多黄金，其下多青雄黄，多扶竹。

又东七十里，曰丙山。多筀竹，多黄金、铜、铁，无木。

又东南五十里，曰风伯之山。其上多金、玉，其下多痠石、文石，多铁，其木多柳、杻、檀、楮。其东有林焉，名曰莽浮之林，多美木鸟兽。

又东一百五十里，曰夫夫之山。其上多黄金，其下多青雄黄，其木多桑、楮，其草多竹、鸡鼓。神于儿居之，其状人身而身操两蛇，常游于江渊，出入有光。

又东南一百二十里，曰洞庭之山。其上多黄金，其下多银、铁，其木多柤、梨、橘、櫾，其草多葌、蘪芜、芍药、芎䓖。帝之二女居之，是常游于江渊。澧、沅之风，交潇、湘之渊，是在九江之间，出入必以飘风、暴雨。是多怪神，状如人而载蛇，左右手操蛇。多怪鸟。

又东南一百八十里，曰暴山。其木多棕、柟、荆、芑、竹箭、䉋、箘，其上多黄金、玉，其下多文石、铁，其兽多麋鹿、麖、就。

又东南二百里，曰即公之山。其上多黄金，其下多琈珸之玉，其木多柳、杻、檀、桑。有兽焉，其状如龟，而白身赤首，名曰蛫，是可以御火。

又东南一百五十九里，曰尧山。其阴多黄垩，其阳多黄金，其木多荆、芑、柳、檀，其草多薯蓣、茉。

又东南一百里，曰江浮之山。其上多银、砥砺，无草、木，其兽多豕、鹿。

又东二百里，曰真陵之山。其上多黄金，其下多玉，其木多穀、柞、柳、杻，其草多荣草。

又东南一百二十里，曰阳帝之山。多美铜，其木多橿、杻、㯷、楮，其兽多麚、麝。

又南九十里，曰柴桑之山。其上多银，其下多碧，多泠石、赭，其木多柳、芑、楮、桑，其兽多麋鹿，多白蛇、飞蛇。

又东二百三十里，曰荣余之山。其上多铜，其下多银，其木多柳、芑，其虫多怪蛇、怪虫。

凡洞庭山之首，自篇遇之山至于荣余之山，凡十五山、二千八百里。其神状皆鸟身而龙首。其祠：毛用一雄鸡，一牝豚刉，糈用稌。凡夫夫之山、即公之山、尧山、阳帝之山皆冢也，其祠：皆肆瘞，祈用酒，毛用少牢、婴毛，一吉玉。洞庭、荣余山神也，其祠：皆肆瘞，祈酒，太牢祠，婴用圭璧十五，五采惠之。

右中经之山志，大凡百九十七山，二万一千三百七十一里。

大凡天下名山，五千三百七十，居地，大凡六万四千五十六里。

禹曰：天下名山，经五千三百七十山，六万四千五十六里，居地也，言其《五臧》，盖其余小山甚众，不足记云。天地之东西二万八千里，南北二万六千里，出水之山者八千里，受水者八千里；出铜之山四百六十七；出铁之山三千六百九十。此天地之所分壤树榖也，戈矛之所发也，刀铩之所起也，能者有余，拙者不足。封于泰山，禅于梁父，七十二家，得失之数皆在此内，是谓国用。

右《五臧·山经》五篇，大凡一万五千五百三字。

扫一扫，
收听有声版

地之所载，六合之间，四海之内，照之以日月，经之以星辰，纪之以四时，要之以太岁，神灵所生，其物异形，或夭或寿，唯圣人能通其道。

海外自西南陬至东南陬者。

结匈国在其西南，其为人结匈。

南山在其东南。自此山来，虫为蛇，蛇号为鱼。一曰南山在结匈东南。

比翼鸟在其东，其为鸟青、赤，两鸟比翼。一曰在南山东。

羽民国在其东南，其为人长头，身生羽。一曰在比翼鸟东南，其为人长颊。

有神人二八，连臂，为帝司夜于此野。在羽民东。其为小人颊、赤肩。尽十六人。

毕方鸟在其东，青水西，其为鸟人面一脚。一曰在二八神东。

讙头国在其南，其为人人面有翼，鸟喙，方捕鱼。一曰在毕方东。或曰讙朱国。

厌火国在其国南，兽身黑色。生火出其口中。一曰在讙朱东。

三株树在厌火北，生赤水上，其为树如柏，叶皆为珠。

一曰其为树若彗。

三苗国在赤水东，其为人相随。一曰三毛国。

载国在其东，其为人黄，能操弓射蛇。一曰载国在三毛东。

贯匈国在其东，其为人匈有窍。一曰在载国东。

交胫国在其东，其为人交胫。一曰在穿匈东。

不死民在其东，其为人黑色，寿，不死。一曰在穿匈国东。

岐舌国在其东。一曰在不死民东。

昆仑墟在其东，墟四方。一曰在岐舌东，为墟四方。羿与凿齿战于寿华之野，羿射杀之。在昆仑墟东。羿持弓矢，凿齿持盾。一曰戈。

三首国在其东，其为人一身三首。一曰在凿齿东。

周饶国在东，其为人短小，冠带。一曰焦侥国在三首东。

长臂国在其东，捕鱼水中，两手各操一鱼。一曰在焦侥东，捕鱼海中。

狄山，帝尧葬于阳，帝喾葬于阴。爰有熊、罴、文虎、蜼、豹、离朱、视肉；吁咽、文王皆葬其所。一曰汤山。一曰爰有熊、罴、文虎、蜼、豹、离朱、鸱久、视肉、虖交。

其范林方三百里。

南方祝融，兽身人面，乘两龙。

海外自西南陬至西北陬者。

灭蒙鸟在结匈国北，为鸟青，赤尾。

大运山高三百仞，在灭蒙鸟北。

大乐之野，夏后启于此儛九代，乘两龙，云盖三层。左手操翳，右手操环，佩玉璜。在大运山北。一曰大遗之野。

三身国在夏后启北，一首而三身。

一臂国在其北，一臂、一目、一鼻孔。有黄马虎文，一目而一手。

奇肱之国在其北。其人一臂三目，有阴有阳，乘文马。有鸟焉，两头，赤黄色，在其旁。

刑天与帝至此争神，帝断其首，葬之常羊之山。乃以乳为目，以脐为口，操干戚以舞。

女祭、女戚在其北，居两水间，戚操鱼觛，祭操俎。

鸢鸟、鶬，其色青黄，所经国亡。在女祭北。鸢鸟人面。居山上。一曰维鸟，青鸟、黄鸟所集。

丈夫国在维鸟北，其为人衣冠带剑。

女丑之尸，生而十日炙杀之。在丈夫北。以右手鄣其面。十日居之，女丑居山之上。

巫咸国在女丑北，右手操青蛇，左手操赤蛇。在登葆山，群巫所从上下也。

并封在巫咸东，其状如彘，前后皆有首，黑。

女子国在巫咸北，两女子居，水周之。一曰居一门中。

轩辕之国在此穷山之际，其不寿者八百岁。在女子国北。人面蛇身，尾交首上。

穷山在其北，不敢西射，畏轩辕之丘。在轩辕国北。其丘方，四蛇相绕。

此诸夭之野，鸾鸟自歌，凤鸟自舞；凤皇卵，民食之；甘露，民饮之：所欲自从也。百兽相与群居。在四蛇北。其人两手操卵食之，两鸟居前导之。

龙鱼陵居在其北，状如狸。一曰鰕。即有神圣乘此以行九野。一曰鳖鱼在夭野北，其为鱼也如鲤。

白民之国在龙鱼北，白身被发。有乘黄，其状如狐，其背上有角，乘之寿二千岁。

肃慎之国在白民北。有树名曰雄常，先入伐帝，于此取之。

长股之国在雄常北，被发。一曰长脚。

西方蓐收，左耳有蛇，乘两龙。

海外自东北陬至西北陬者。

无𦟢之国在长股东，为人无𦟢。

钟山之神，名曰烛阴，视为昼，瞑为夜，吹为冬，呼为夏，不饮，不食，不息，息为风，身长千里。在无𦟢之东。其为物，人面，蛇身，赤色，居钟山下。

一目国在其东，一目中其面而居。一曰有手足。

柔利国在一目东，为人一手一足，反膝，曲足居上。一云留利之国，人足反折。

共工之臣曰相柳氏，九首，以食于九山。相柳之所抵，厥为泽溪。禹杀相柳，其血腥，不可以树五谷种。禹厥之，三仞三沮，乃以为众帝之台。在昆仑之北，柔利之东。相柳者，九首人面，蛇身而青。不敢北射，畏共工之台。台在其东。台四方，隅有一蛇，虎色，首冲南方。

深目国在其东，为人举一手一目。在共工台东。

无肠之国在深目东，其为人长而无肠。

聂耳之国在无肠国东，使两文虎，为人两手聂其耳。县居海水中，及水所出入奇物。两虎在其东。

夸父与日逐走，入日。渴欲得饮，饮于河渭，河渭不足，北饮大泽。未至，道渴而死。弃其杖。化为邓林。

博父国在聂耳东，其为人大，右手操青蛇，左手操黄蛇。

邓林在其东，二树木。一曰博父。

禹所积石之山在其东，河水所入。

拘缨之国在其东，一手把缨。一曰利缨之国。

寻木长千里，在拘缨南，生河上西北。

跂踵国在拘缨东，其为人大，两足亦大。一曰大踵。

欧丝之野在大踵东，一女子跪据树欧丝。

三桑无枝，在欧丝东，其木长百仞，无枝。

范林方三百里，在三桑东，洲环其下。

务隅之山，帝颛顼葬于阳，九嫔葬于阴。一曰爰有熊、罴、文虎、离朱、鸱久、视肉。

平丘在三桑东。爰有遗玉、青鸟、视肉、杨柳、甘柤、甘华，百果所生。有两山夹上谷，二大丘居中，名曰平丘。

北海内有兽，其状如马，名曰騊駼。有兽焉，其名曰駮，状如白马，锯牙，食虎豹。有素兽焉，状如马，名曰蛩蛩。有青兽焉，状如虎，名曰罗罗。

北方禺彊，人面鸟身，珥两青蛇。践两青蛇。

扫一扫，
收听有声版

海外自东南陬至东北陬者。

嗟丘，爰有遗玉、青马、视肉、杨柳、甘柤、甘华。甘果所生，在东海。两山夹丘，上有树木。一曰嗟丘。一曰百果所在，在尧葬东。

大人国在其北，为人大，坐而削船。一曰在嗟丘北。

奢比之尸在其北，兽身、人面、大耳，珥两青蛇。一曰肝榆之尸在大人北。

君子国在其北，衣冠带剑，食兽，使二大虎在旁，其人好让不争。有薰华草，朝生夕死。一曰在肝榆之尸北。

䖟䖟在其北，各有两首。一曰在君子国北。

朝阳之谷，神曰天吴，是为水伯。在䖟䖟北两水间。其为兽也，八首人面，八足八尾，皆青黄。

青丘国在其北，其狐四足九尾。一曰在朝阳北。

帝命竖亥步，自东极至于西极，五亿十选九千八百步。竖亥右手把算，左手指青丘北。一曰禹令竖亥。一曰五亿十万九千八百步。

黑齿国在其北，为人黑，食稻啖蛇，一赤一青，在其旁。一曰在竖亥北，为人黑首，食稻使蛇，其一蛇赤。

下有汤谷。汤谷上有扶桑，十日所浴，在黑齿北。居水中，有大木，九日居下枝，一日居上枝。

雨师妾在其北。其为人黑，两手各操一蛇，左耳有青蛇，右耳有赤蛇。一曰在十日北，为人黑身人面，各操一龟。

玄股之国在其北。其为人衣鱼食躯，使两鸟夹之。一曰在雨师妾北。

毛民之国在其北，为人身生毛。一曰在玄股北。

劳民国在其北，其为人黑。或曰教民。一曰在毛民北，为人面目手足尽黑。

东方勾芒，鸟身人面，乘两龙。

建平元年四月丙戌，待诏太常属臣望校治，侍中光禄勋臣龚，侍中奉车都尉光禄大夫臣秀领主省。

扫一扫，
♫收听有声版

海内东南陬以西者。

瓯居海中。闽在海中，其西北有山。一曰闽中山在海中。

三天子鄣山在闽西海北。一曰在海中。

桂林八树在番隅东。

伯虑国、离耳国、雕题国、北朐国皆在郁水南。郁水出湘陵南海。一曰相虑。

枭阳国在北朐之西。其为人人面长唇，黑身有毛，反踵，见人笑亦笑，左手操管。

兕在舜葬东，湘水南。其状如牛，苍黑，一角。

苍梧之山，帝舜葬于阳，帝丹朱葬于阴。

氾林方三百里，在狌狌东。

狌狌知人名，其为兽如豕而人面，在舜葬西。

狌狌西北有犀牛，其状如牛而黑。

夏后启之臣曰孟涂，是司神于巴。人请讼于孟涂之所，其衣有血者乃执之。是请生，居山上，在丹山西。丹山在丹阳南，丹阳居属也。

窫窳龙首，居弱水中，在狌狌知人名之西，其状如龙首，食人。

有木，其状如牛，引之有皮，若缨、黄蛇。其叶如罗，其实如栾，其木若蓲，其名曰建木。在窫窳西弱水上。

氐人国在建木西，其为人人面而鱼身，无足。

巴蛇食象，三岁而出其骨，君子服之，无心腹之疾。其为蛇青黄赤黑。一曰黑蛇青首，在犀牛西。

旄马，其状如马，四节有毛。在巴蛇西北，高山南。

匈奴、开题之国。列人之国并在西北。

扫一扫，
♫ 收听有声版

海内西南陬以北者。

贰负之臣曰危，危与贰负杀窫窳。帝乃梏之疏属之山，桎其右足，反缚两手与发，系之山上木。在开题西北。

大泽方百里，群鸟所生及所解。在雁门北。

雁门山，雁出其间。在高柳北。

高柳在代北。

后稷之葬，山水环之。在氐国西。

流黄酆氏之国，中方三百里；有涂四方，中有山。在后稷葬西。

流沙出钟山，西行又南行昆仑之墟，西南入海，黑水之山。

东胡在大泽东。

夷人在东胡东。

貊国在汉水东北。地近于燕，灭之。

孟鸟在貊国东北。其鸟文赤、黄、青，东乡。

海内昆仑之墟，在西北，帝之下都。昆仑之墟，方八百里，高万仞。上有木禾，长五寻，大五围。面有九井，以玉为槛。面有九门，门有开明兽守之，百神之所在。在八隅之岩，赤水之际，非仁羿莫能上冈之岩。

赤水出东南隅，以行其东北。西南流注南海，厌火东。

河水出东北隅，以行其北，西南又入渤海，又出海外，即西而北，入禹所导积石山。

洋水、黑水出西北隅，以东，东行，又东北，南入海，羽民南。

弱水、青水出西南隅，以东，又北，又西南，过毕方鸟东。

昆仑南渊深三百仞。开明兽身大类虎而九首，皆人面，东向立昆仑上。

开明西有凤皇、鸾鸟，皆戴蛇践蛇，膺有赤蛇。

开明北有视肉、珠树、文玉树、玗琪树、不死树。凤皇、鸾鸟皆戴蘸。又有离朱、木禾、柏树、甘水、圣木曼兑。一曰挺木牙交。

开明东有巫彭、巫抵、巫阳、巫履、巫凡、巫相，夹窫窳之尸，皆操不死之药以距之。窫窳者，蛇身人面，贰负臣所杀也。

服常树，其上有三头人，伺琅玕树。

开明南有树鸟，六首；蛟、蝮、蛇、蜼、豹、鸟秩树，于表池树木，诵鸟、鹈、视肉。

海内西北陬以东者。

蛇巫之山，上有人操柸而东向立。一曰龟山。

西王母梯几而戴胜杖。其南有三青鸟，为西王母取食。在昆仑虚北。

有人曰大行伯，把戈。其东有犬封国。贰负之尸在大行伯东。

犬封国曰犬戎国，状如犬。有一女子，方跪进柸食。有文马，缟身朱鬣，目若黄金，名曰吉量，乘之寿千岁。

鬼国在贰负之尸北，为物人面而一目。一曰贰负神在其东，为物人面蛇身。

蜪犬如犬，青，食人从首始。

穷奇状如虎，有翼，食人从首始。所食被发。在蜪犬北。一曰从足。

帝尧台、帝喾台、帝丹朱台、帝舜台，各二台，台四方，在昆仑东北。

大蜂，其状如螽；朱蛾，其状如蛾。

蟜，其为人虎文，胫有胫。在穷奇东。一曰状如人，昆仑虚北所有。

阘非，人面而兽身，青色。

据比之尸，其为人折颈披发，无一手。

环狗，其为人兽首人身。一曰蝟状如狗，黄色。

袜，其为物，人身黑首从目。

戎，其为人，人首三角。

林氏国有珍兽，大若虎，五彩毕具，尾长于身，名曰驺虞，乘之日行千里。

昆仑虚南所，有氾林方三百里。

从极之渊深三百仞，维冰夷恒都焉，冰夷人面，乘两龙。一曰忠极之渊。

阳汙之山，河出其中，凌门之山，河出其中。

王子夜之尸，两手、两股、胸、首、齿，皆断异处。

舜妻登比氏生宵明、烛光，处河大泽，二女之灵能照此所方百里。一曰登北氏。

盖国在钜燕南，倭北。倭属燕。

朝鲜在列阳东，海北山南。列阳属燕。

列姑射在海河洲中。

姑射国在海中，属列姑射。西南，山环之。

大蟹在海中。

陵鱼人面，手足，鱼身，在海中。

大鳊居海中。明组邑居海中。逢莱山在海中。大人之市在海中。

海内东北陬以南者。

钜燕在东北陬。

国在流沙中者埻端、玺唤，在昆仑墟东南。一曰海内之郡，不为郡县，在流沙中。

国在流沙外者，大夏、竖沙、居繇、月支之国。

西胡白玉山在大夏东，苍梧在白玉山西南，皆在流沙西，昆仑墟东南。昆仑山在西胡西。皆在西北。

雷泽中有雷神，龙首而人头，鼓其腹。在吴西。

都州在海中。一曰郁州。

琅邪台在渤海间，琅邪之东。其北有山，一曰在海间。

韩雁在海中，都州南。

始鸠在海中，辕厉南。

会稽山在大楚南。

岷三江，首大江出汶山，北江出曼山，南江出高山。高山在城都西，入海在长州南。

浙江出三天子都，在其东，在闽西北，入海，余暨南。

庐江出三天子都，入江，彭泽西。一曰天子鄣。

淮水出余山，余山在朝阳东，义乡西，入海，淮浦北。

湘水出舜葬东南陬，西环之，入洞庭下。一曰东南西泽。

汉水出鲋鱼之山。帝颛顼葬于阳，九嫔葬于阴，四蛇卫之。

濛水出汉阳西，入江，聂阳西。

温水出峣峒，山在临汾南，入河，华阳北。

颍水出少室。少室山在雍氏南，入淮西鄢北。一曰缑氏。

汝水出天息山，在梁勉乡西南，入淮极西北，一曰淮在期思北。

泾水出长城北山。山在郁郅、长垣北，北入渭，戏北。

渭水出鸟鼠同穴山，东注河，入华阴北。

白水出蜀，而东南注江，入江州城下。

沅水山出象郡镡城西，入东注江，入下隽西，合洞庭中。

赣水出聂都东山，东北注江，入彭泽西。

泗水出鲁东北而南，西南过湖陵西，而东南注东海，入淮阴北。

郁水出象郡，而西南注南海，入须陵东南。

肄水出临晋西南，而东南注海，入番禺西。

潢水出桂阳西北山，东南注肄水，入敦浦西。

洛水出洛西山，东北注河，入成皋之西。

汾水出上窳北，而西南注河，入皮氏南。

沁水出井陉山东，东南注河，入怀东南。

济水出共山南东丘，绝钜鹿泽，注渤海，入齐琅槐东北。

潦水出卫皋东，东南注渤海，入潦阳。

虖沱水出晋阳城南，而西至阳曲北，而东注渤海，入越章武北。

漳水出山阳东，东注渤海，入章武南。

建平元年四月丙戌，待诏太常属臣望校治，侍中光禄勋臣龚、侍中奉车都尉光禄大夫臣秀领主省。

扫一扫，
♫ 收听有声版

东海之外大壑，少昊之国。少昊孺帝颛顼于此，弃其琴瑟。

有甘山者，甘水出焉，生甘渊。

大荒东南隅有山，名皮母地丘。

东海之外，大荒之中，有山名曰大言，日月所出。

有波谷山者，有大人之国。有大人之市，名曰大人之堂。有一大人踆其上，张其两耳。

有小人国，名靖人。

有神，人面兽身，名曰犁𩣡之尸。

有潏山，杨水出焉。

有蒍国，黍食，使四鸟：虎、豹、熊、罴。

大荒之中，有山名曰合虚，日月所出。

有中容之国。帝俊生中容，中容人食兽、木实，使四鸟：豹、虎、熊、罴。

有东口之山。有君子之国，其人衣冠带剑。

有司幽之国。帝俊生晏龙，晏龙生司幽，司幽生思士，不妻；思女，不夫。食黍，食兽，是使四鸟。

有大阿之山者。

大荒中有山，名曰明星，日月所出。

有白民之国。帝俊生帝鸿，帝鸿生白民，白民销姓，黍食，使四鸟：虎、豹、熊、罴。

有青丘之国，有狐，九尾。

有柔仆民，是维嬴土之国。

有黑齿之国。帝俊生黑齿，姜姓，黍食，使四鸟。

有夏州之国。有盖余之国。

有神人，八首人面，虎身十尾，名曰天吴。

大荒之中，有山名曰鞠陵于天、东极、离瞀，日月所出。名曰折丹——东方曰折，来风曰俊——处东极以出入风。

东海之渚中，有神，人面鸟身，珥两黄蛇，践两黄蛇，名曰禺猇。黄帝生禺猇，禺猇生禺京。禺京处北海，禺猇处东海，是惟海神。

有招摇山，融水出焉。有国曰玄股，黍食，使四鸟。

有困民国，勾姓而食。有人曰王亥，两手操鸟，方食其头。王亥托于有易、河伯仆牛。有易杀王亥，取仆牛。河念有易，有易潜出，为国于兽，方食之，名曰摇民。帝舜生戏，戏生摇民。

海内有两人，名曰女丑。女丑有大蟹。

大荒之中，有山名曰孽摇頵羝。上有扶木，柱三百里，其叶如芥。有谷曰温源谷。汤谷上有扶木，一日方至，一日方出，皆载于乌。

有神，人面、犬耳、兽身，珥两青蛇，名曰奢比尸。

有五采之鸟，相乡弃沙。惟帝俊下友。帝下两坛，采鸟是司。

大荒之中，有山名曰犄天苏门，日月所生。

有壏民之国。有蓁山。又有摇山。有䴤山，又有门户山，又有盛山。又有待山。有五采之鸟。

东荒之中，有山名曰壑明俊疾，日月所出。有中容之国。

东北海中，又有三青马、三骓、甘华。爰有遗玉、三青鸟、三骓、视肉、甘华、甘柤。百穀所在。

有女和月母之国。有人名曰鹓，北方曰鹓，来之风曰狻。是处东极隅以止日月，使无相间出没，司其短长。

大荒东北隅中，有山名曰凶犁土丘。应龙处南极，杀蚩尤与夸父，不得复上。故下数旱。旱而为应龙之状，乃得大雨。

东海中有流波山，入海七千里。其上有兽，状如牛，苍身而无角，一足，出入水则必风雨，其光如日月，其声如雷，其名曰夔。黄帝得之，以其皮为鼓，橛以雷兽之骨，声闻五百里，以威天下。

南海之外，赤水之西，流沙之东，有兽，左右有首，名曰跋踢。有三青兽相并，名曰双双。

有阿山者。南海之中，有氾天之山，赤水穷焉。赤水之东，有苍梧之野，舜与叔均之所葬也。爰有文贝、离俞、鸱久、鹰、贾、委维、熊、罴、象、虎、豹、狼、视肉。

有荣山、荣水出焉。黑水之南，有玄蛇，食麈。

有巫山者，西有黄鸟。帝药，八斋。黄鸟于巫山，司此玄蛇。

大荒之中，有不庭之山，荣水穷焉。有人三身，帝俊妻娥皇，生此三身之国，姚姓，黍食，使四鸟。有渊四方，四隅皆达，北属黑水，南属大荒。北旁名曰少和之渊，南旁名曰从渊，舜之所浴也。

又有成山，甘水穷焉。有季禺之国，颛顼之子，食黍。有羽民之国，其民皆生毛羽。有卵民之国，其民皆生卵。

大荒之中，有不姜之山，黑水穷焉。又有贾山，汔水出焉。又有言山。又有登备之山。有恝恝之山。又有蒲山，澧水出焉。又有隗山，其西有丹，其东有玉。又南有山，漂水出焉。有尾山。有翠山。

有盈民之国，於姓，黍食。又有人方食木叶。

有不死之国，阿姓，甘木是食。

大荒之中，有山名曰去痓。南极果，北不成，去痓果。

南海渚中，有神，人面，珥两青蛇，践两赤蛇，曰不廷胡余。

有神名曰因因乎——南方曰因乎，夸风曰乎民——处南极以出入风。

有襄山。又有重阴之山。有人食兽，曰季厘。帝俊生季厘，故曰季厘之国。有缗渊。少昊生倍伐，倍伐降处缗渊。有水四方，名曰俊坛。

有载民之国。帝舜生无淫，降载处，是谓巫载民。巫载民，盼姓，食谷，不绩不经，服也；不稼不穑，食也。爰有歌舞之鸟，鸾鸟自歌，凤鸟自舞。爰有百兽，相群爰处。百谷所聚。

大荒之中，有山名曰融天，海水南入焉。

有人曰凿齿，羿杀之。

有蜮山者，有蜮民之国，桑姓，食黍，射蜮是食。有人方扞弓射黄蛇，名曰蜮人。

有宋山者，有赤蛇，名曰育蛇。有木生山上，名曰枫木。枫木，蚩尤所弃其桎梏，是谓枫木。

有人方齿虎尾，名曰祖状之尸。

有小人，名曰焦侥之国，几姓，嘉谷是食。

大荒之中，有山名㐬涂之山，青水穷焉。有云雨之山，有木名曰栾。禹攻云雨。有赤石焉生栾，黄本，赤枝，青叶，群帝焉取药。

有国曰颛顼，生伯服，食黍。有鼬姓之国。有苕山。又有宗山。又有姓山，又有壑山。又有陈州山，又有东州山。

又有白水山，白水出焉，而生白渊，昆吾之师所浴也。

有人名曰张弘，在海上捕鱼。海中有张弘之国，食鱼，使四鸟。

有人焉，鸟喙，有翼，方捕鱼于海。大荒之中，有人名曰讙头。鲧妻士敬，士敬子曰炎融，生讙头。头人面鸟喙，有翼，食海中鱼，杖翼而行。维宜芑苣，穋杨是食。有讙头之国。

帝尧、帝喾、帝舜葬于岳山。爰有文贝、离俞、鸱久、鹰、廷维、视肉、熊、罴、虎、豹；朱木、赤枝、青华、玄实。有申山者。

大荒之中，有山名曰天台高山，海水入焉。

东南海之外，甘水之间，有羲和之国，有女子名曰羲和，方浴日于甘渊。羲和者，帝俊之妻，生十日。

有盖犹之山者，其上有甘柤，枝干皆赤，黄叶，白华，黑实。东又有甘华，枝干皆赤，黄叶。有青马，有赤马，名曰三骓。有视肉。

有小人，名曰菌人。

有南类之山。爰有遗玉、青马、三骓、视肉、甘华。百谷所在。

西北海之外，大荒之隅，有山而不合，名曰不周负子，有两黄兽守之。有水曰寒暑之水。水西有湿山，水东有幕山。有禹攻共工国山。

有国名曰淑士，颛顼之子。

有神十人，名曰女娲之肠，化为神，处栗广之野；横道而处。

有人名曰石夷，来风曰韦，处西北隅以司日月之长短。

有五采之鸟，有冠，名曰狂鸟。

有大泽之长山。有白氏之国。

西北海之外，赤水之东，有长胫之国。

有西周之国，姬姓，食谷。有人方耕，名曰叔均。帝俊生后稷，稷降以百谷。稷之弟曰台玺，生叔均。叔均是代其父及稷播百谷，始作耕。有赤国妻氏。有双山。

西海之外，大荒之中，有方山者，上有青树，名曰柜格之松，日月所出入也。

西北海之外，赤水之西，有先民之国，食谷，使四鸟。

有北狄之国。黄帝之孙曰始均，始均生北狄。

有芒山。有桂山。有榣山，其上有人，号曰太子长琴。颛顼生老童，老童生祝融，祝融生太子长琴，是处榣山，始作乐风。

有五采鸟三名：一曰皇鸟，一曰鸾鸟，一曰凤鸟。

有虫状如菟，胸以后者裸不见，青如猨状。

大荒之中，有山名曰丰沮玉门，日月所入。

有灵山，巫咸、巫即、巫盼、巫彭、巫姑、巫真、巫礼、巫抵、巫谢、巫罗十巫，从此升降，百药爰在。

西有王母之山，壑山、海山。有沃之国，沃民是处。沃之野，凤鸟之卵是食，甘露是饮。凡其所欲其味尽存。爰有甘华、甘柤、白柳、视肉、三骓、璇瑰、瑶碧、白木、琅玕、白丹、青丹、多银铁。鸾鸟自歌，凤鸟自舞，爰有百兽，相群是处，是谓沃之野。

有三青鸟，赤首黑目，一名曰大鵹，一曰少鵹，一名曰青鸟。

有轩辕之台，射者不敢西向射，畏轩辕之台。

大荒之中，有龙山，日月所入。有三泽水，名曰三淖，昆吾之所食也。

有人衣青，以袂蔽面，名曰女丑之尸。

有女子之国。

有桃山。有䖝山。有桂山。有于土山。

有丈夫之国。

有弇州之山，五采之鸟仰天，名曰鸣鸟。爰有百乐歌舞之凤。

有轩辕之国。江山之南栖为吉。不寿者乃八百岁。

西海渚中，有神，人面鸟身，珥两青蛇，践两赤蛇，名曰弇兹。

大荒之中，有山名曰日月山，天枢也。吴姬天门，日月所入。

有神，人面无臂，两足反属于头山，名曰噓。颛顼生老童，老童生重及黎，帝令重献上天，令黎邛下地。下地是生噎，处于西极，以行日月星辰之行次。

有人反臂，名曰天虞。

有女子方浴月。帝俊妻常羲，生月十有二，此始浴之。

有玄丹之山。有五色之鸟，人面有发。爰有青鴍、黄鷔、青鸟、黄鸟，其所集者其国亡。

有池，名孟翼之攻颛顼之池。

大荒之中，有山名曰鏖鏊钜，日月所入者。

有兽，左右有首，名曰屏蓬。

有巫山者。有壑山者。有金门之山，有人名曰黄姖之尸。有比翼之鸟。有白鸟，青翼、黄尾、玄喙。有赤犬，名曰天犬，其所下者有兵。

西海之南，流沙之滨，赤水之后，黑水之前，有大山，名曰昆仑之丘。有神，人面虎身，有文有尾，皆白，处之。其下有弱水之渊环之，其外有炎火之山，投物辄然。有人戴胜，虎齿，有豹尾，穴处，名曰西王母。此山万物尽有。

大荒之中，有山名曰常阳之山，日月所入。

有寒荒之国。有二人女祭、女薎。

有寿麻之国。南岳娶州山女，名曰女虔。女虔生季格，季格生寿麻。寿麻正立无景，疾呼无响。爰有大暑，不可以往。

有人无首，操戈盾立，名曰夏耕之尸。故成汤伐夏桀于章山，克之，斩耕厥前。耕既立，无首，走厥咎，乃降于巫山。

有人名曰吴回，奇左，是无右臂。

有盖山之国。有树，赤皮枝干，青叶，名曰朱木。

有一臂民。

大荒之中，有山，名曰大荒之山，日月所入。有人焉三面，是颛顼之子，三面一臂，三面之人不死。是谓大荒之野。

西南海之外，赤水之南，流沙之西，有人珥两青蛇，乘两龙，名曰夏后开。开上三嫔于天，得《九辩》与《九歌》以下。此天穆之野，高二千仞，开焉得始歌《九招》。

有互人之国。炎帝之孙名曰灵恝，灵恝生互人，是能上下于天。

有鱼偏枯，名曰鱼妇。颛顼死即复苏。风道北来，天及大水泉，蛇乃化为鱼，是为鱼妇。颛顼死即复苏。

有青鸟，身黄，赤足，六首，名曰鸀鸟。

有大巫山。有金之山。西南，大荒之中隅，有偏句、常羊之山。

东北海之外，大荒之中，河水之间，附禺之山，帝颛顼与九嫔葬焉。爰有鸱久、文贝、离俞、鸾鸟、皇鸟、大物、小物。有青鸟、琅鸟、玄鸟、黄鸟、虎、豹、熊、罴、黄蛇、视肉、璿瑰、瑶碧，皆出卫于山。丘方员三百里，丘南帝俊竹林在焉，大可为舟。竹南有赤泽水，名曰封渊。有三桑无枝。丘西有沉渊，颛顼所浴。

　　有胡不与之国，烈姓，黍食。

　　大荒之中，有山名曰不咸，有肃慎氏之国。有蜚蛭，四翼。有虫，兽身蛇身，名曰琴虫。

　　有人名曰大人。有大人之国，厘姓，黍食。有大青蛇，黄头，食麈。

　　有榆山。有鲧攻程州之山。

　　大荒之中，有山名曰衡天。有先民之山。有盘木千里。

　　有叔歜国，颛顼之子，黍食，使四鸟：虎、豹、熊、罴。有黑虫如熊状，名曰猎猎。

　　有北齐之国，姜姓，使虎、豹、熊、罴。

　　大荒之中，有山名曰先槛大逢之山，河济所入，海北注焉。其西有山，名曰禹所积石。

　　有阳山者。有顺山者，顺水出焉。有始州之国，有丹山。

有大泽方千里，群鸟所解。

有毛民之国，依姓，食黍，使四鸟。禹生均国，均国生役采，役采生修鞈，修鞈杀绰人。帝念之，潜为之国，是此毛民。

有儋耳之国，任姓，禺号子，食谷。北海之渚中，有神，人面鸟身，珥两青蛇，践两赤蛇，名曰禺彊。

大荒之中，有山名曰北极天柜，海水北注焉。有神，九首人面鸟身，名曰九凤。又有神，衔蛇操蛇，其状虎首人身，四蹄长肘，名曰彊良。

大荒之中，有山名曰成都载天。有人，珥两黄蛇，把两黄蛇，名曰夸父。后土生信，信生夸父。夸父不量力，欲追日景，逮之于禺谷。将饮河而不足也，将走大泽，未至，死于此。应龙已杀蚩尤，又杀夸父，乃去南方处之，故南方多雨。

又有无肠之国，是任姓。无继子，食鱼。

共工臣名曰相繇，九首蛇身，自环，食于九土。其所歍所尼，即为源泽，不辛乃苦，百兽莫能处。禹湮洪水，杀相繇，其血腥臭，不可生谷；其地多水，不可居也。禹湮之，三仞三沮，乃以为池，群帝因是以为台。在昆仑之北。

有岳之山。寻竹生焉。

大荒之中，有山名曰不句，海水入焉。

有系昆之山者，有共工之台，射者不敢北响。有人衣青衣，名曰黄帝女魃。蚩尤作兵伐黄帝，黄帝乃令应龙攻之冀州之野。应龙畜水。蚩尤请风伯雨师，纵大风雨。黄帝乃下天女曰魃，雨止，遂杀蚩尤。魃不得复上，所居不雨。叔均言之帝，后置之赤水之北。叔均乃为田祖。魃时亡之，所欲逐之者，令曰："神北行！"先除水道，决通沟渎。

有人方食鱼，名曰深目民之国，盼姓，食鱼。

有钟山者。有女子衣青衣，名曰赤水女子献。

大荒之中。有山名曰融父山，顺水入焉。有人名曰犬戎。黄帝生苗龙，苗龙生融吾，融吾生弄明，弄明生白犬，白犬有牝牡，是为犬戎，肉食。有赤兽，马状无首，名曰戎宣王尸。

有山名曰齐州之山、君山、鬶山、鲜野山、鱼山。

有人一目，当面中生。一曰是威姓，少昊之子，食黍。

有继无民，继无民任姓，无骨子，食气、鱼。

西北海外，流沙之东，有国曰中编，颛顼之子，食黍。

有国名曰赖丘。有犬戎国。有神，人面兽身，名曰犬戎。

西北海外，黑水之北，有人有翼，名曰苗民。颛顼生骦头，骦头生苗民，苗民厘姓，食肉。有山名曰章山。

大荒之中，有衡石山、九阴山、洞野之山，上有赤树，青叶、赤华，名曰若木。

有牛黎之国。有人无骨，儋耳之子。

西北海之外，赤水之北，有章尾山。有神，人面蛇身而赤，直目正乘，其瞑乃晦，其视乃明，不食、不寝、不息，风雨是谒。是烛九阴，是谓烛龙。

扫一扫，
♪收听有声版

东海之内，北海之隅，有国名曰朝鲜；天毒，其人水居，偎人爱之。

西海之内，流沙之中，有国名曰壑市。

西海之内，流沙之西，有国名曰氾叶。

流沙之西，有鸟山者，三水出焉。爰有黄金、璿瑰、丹货、银铁，皆流于此中。又有淮山，好水出焉。

流沙之东，黑水之西，有朝云之国、司彘之国。黄帝妻雷祖，生昌意。昌意降处若水，生韩流。韩流擢首、谨耳、人面、豕喙、麟身、渠股、豚止，取淖子曰阿女，生帝颛顼。

流沙之东，黑水之间，有山名不死之山。

华山青水之东，有山名曰肇山。有人名曰柏高，柏高上下于此，至于天。

西南黑水之间，有都广之野，后稷葬焉。爰有膏菽、膏稻、膏黍、膏稷，百谷自生，冬夏播琴。鸾鸟自歌，凤鸟自儛，灵寿实华，草木所聚。爰有百兽，相群爰处。此草也，冬夏不死。

南海之外，黑水青水之间，有木名曰若木，若水出焉。

有禺中之国。有列襄之国。有灵山，有赤蛇在木上，名曰蝡蛇，木食。

有盐长之国。有人焉鸟首，名曰鸟氏。

有九丘，以水络之：名曰陶唐之丘、有叔得之丘、孟盈之丘、昆吾之丘、黑白之丘、赤望之丘、参卫之丘、武夫之丘、神民之丘。有木，青叶紫茎，玄华黄实，名曰建木。百仞无枝，有九欘，下有九枸，其实如麻，其叶如芒。大皞爰过，黄帝所为。

有窫窳，龙首，是食人。有青兽，人面，名曰猩猩。

西南有巴国。大皞生咸鸟，咸鸟生乘厘，乘厘生后照，后照是始为巴人。

有国名曰流黄辛氏，其域中方三百里，其出是尘土。有巴遂山，渑水出焉。

又有朱卷之国。有黑蛇，青首，食象。

南方有赣巨人，人面长臂，黑身有毛，反踵，见人笑亦笑，唇蔽其面，因即逃也。

又有黑人，虎首鸟足，两手持蛇，方啗之。

有嬴民，鸟足，有封豕。

有人曰苗民。有神焉，人首蛇身，长如辕，左右有首，衣紫衣，冠旃冠，名曰延维，人主得而飨食之，伯天下。

有鸾鸟自歌，凤鸟自舞。凤鸟首文曰德，翼文曰顺，膺文曰仁，背文曰义，见则天下和。

又有青兽如菟，名曰菌狗，有桂山。有翠鸟。有孔鸟。

南海之内，有衡山，有菌山，有桂山。有山名三天子之都。

南方苍梧之丘，苍梧之渊，其中有九嶷山，舜之所葬，在长沙零陵界中。

北海之内，有蛇山者，蛇水出焉，东入于海。有五采之鸟，飞蔽一乡，名曰翳鸟。又有不距之山，巧倕葬其西。

北海之内，有反缚盗械、带戈常倍之佐，名曰相顾之尸。

伯夷父生西岳，西岳生先龙，先龙是始生氐羌，氐羌乞姓。

北海之内，有山，名曰幽都之山，黑水出焉。其上有玄鸟、玄蛇、玄豹、玄虎、玄狐蓬尾。有大玄之山。有玄丘之民。有大幽之国。有赤胫之民。

有钉灵之国，其民从膝以下有毛，马蹄，善走。

炎帝之孙伯陵，伯陵同吴权之妻阿女缘妇，缘妇孕三年，是生鼓、延、殳。始为侯，鼓、延是始为钟，为乐风。

黄帝生骆明，骆明生白马，白马是为鲧。

帝俊生禺号，禺号生淫梁，淫梁生番禺，是始为舟。番禺生奚仲，奚仲生吉光，吉光是始以木为车。

少皞生般，般是始为弓矢。

帝俊赐羿彤弓素矰，以扶下国，羿是始去恤下地之百艰。

帝俊生晏龙，晏龙是为琴瑟。

帝俊有子八人，是始为歌舞。帝俊生三身，三身生义均，义均是始为巧倕，是始作下民百巧。后稷是播百谷。稷之孙曰叔均，是始作牛耕。大比赤阴，是始为国。禹、鲧是始布土，均定九州。

炎帝之妻，赤水之子听讹生炎居，炎居生节并，节并生戏器，戏器生祝融。祝融降处于江水，生共工。共工生术器，术器首方颠，是复土穰，以处江水。共工生后土，后土生噎鸣，噎鸣生岁十有二。

洪水滔天。鲧窃帝之息壤以堙洪水，不待帝命。帝令祝融杀鲧于羽郊。鲧复生禹。帝乃命禹卒布土以定九州。

作者简介

王新禧

古典文化与日本文化研究者。写作多年，已在各类报刊发表文章四百万余字，出版有志异类研究书籍《中国神话》、《日本妖怪奇谭》，译有日本小说《怪谈》、《雨月物语》、《竹取物语》等。

朗诵者简介

钟　华

北京邮电大学汉语教师，经典文学诵读专家，网络 ID 白云出岫。专注录制中国古典文学原文朗读十五年，总长度超过2000小时，范围包括十三经、前四史、资治通鉴、诸子、明清小说、中医经典、佛教道教经典、唐诗宋词元曲、儿童经典诵读，为广大古典文学爱好者打开了方便之门。